Scoprire i Giochi Gratuiti Online

Disponibile Qui:

BestActivityBooks.com/FREEGAMES

5 CONSIGLI PER INIZIARE

1) COME RISOLVERE LE PAROLE INTRECCIATTE

I puzzle hanno un formato classico:

- Le parole sono nascoste senza spazi o trattini,...
- Orientamento: Le parole possono essere scritte in avanti, indietro, verso l'alto, verso il basso o in diagonale (possono essere invertite).
- Le parole possono sovrapporsi o intersecarsi.

2) APPRENDIMENTO ATTIVO

Accanto ad ogni parola c'è uno spazio per scrivere la traduzione. Per incoraggiare l'apprendimento attivo, un **DIZIONARIO** alla fine di questa edizione vi permetterà di controllare e ampliare le vostre conoscenze. Cerca e scrivi le traduzioni, trovale nel puzzle e aggiungile al tuo vocabolario!

3) SEGNARE LE PAROLE

Puoi inventare il tuo sistema di segni. Forse ne usi già uno? Per esempio, puoi segnare le parole difficili da trovare con una croce, le parole preferite con una stella, le parole nuove con un triangolo, le parole rare con un diamante, e così via.

4) STRUTTURARE L'APPRENDIMENTO

Questa edizione offre un **TACCUINO** alla fine del libro. In vacanza, in viaggio o a casa, puoi organizzare facilmente le tue nuove conoscenze senza bisogno di un secondo quaderno!

5) AVETE FINITO TUTTE LE GRIGLIE?

Nelle ultime pagine di questo libro, nella sezione della **SFIDA FINALE**, troverete un gioco gratuito!

Facile e veloce! Dai un'occhiata alla nostra collezione di libri di attività per il tuo prossimo momento di divertimento e **apprendimento,** a portata di clic!

Trova la tua prossima sfida su:

BestActivityBooks.com/MioProssimoLibro

Ai vostri posti, pronti...Via!

Sapevi che ci sono circa 7.000 lingue diverse nel mondo? Le parole sono preziose.

Amiamo le lingue e abbiamo lavorato duramente per creare libri di altissima qualità. I nostri ingredienti?

Una selezione di argomenti adatti all'apprendimento, tre buone porzioni di intrattenimento, una cucchiaiata di parole difficili e una spolverata di parole rare. Li serviamo con amore e entusiasmo in modo che tu possa risolvere i migliori giochi di parole e divertirti imparando!

La vostra opinione è essenziale. Puoi partecipare attivamente al successo di questo libro lasciandoci un commento. Ci piacerebbe sapere cosa ti è piaciuto di più di questa edizione.

Ecco un link veloce alla pagina dell'ordine:

BestBooksActivity.com/Recensione50

Grazie per il vostro aiuto e buon divertimento!

Tutta la squadra

1 - Scacchi

```
P  G  T  P  H  V  P  K  L  A  R  V  R  X  R
S  E  T  N  O  K  U  T  K  A  W  A  J  A  R
C  Y  N  Q  W  T  T  A  J  I  N  E  T  Y  G
D  B  A  G  L  O  I  M  R  B  E  G  K  U  T
F  C  W  E  O  E  H  S  P  T  M  H  X  F  A
S  U  A  T  K  R  P  E  R  M  A  I  N  A  N
H  F  L  M  V  B  B  L  K  K  N  T  P  J  A
K  I  D  R  E  C  S  A  F  B  R  A  E  L  T
R  S  T  K  J  P  T  N  N  G  U  N  M  J  U
H  A  R  A  U  J  R  O  T  A  T  T  A  P  R
W  P  G  B  M  U  A  G  R  R  N  A  I  O  A
W  L  G  J  E  I  T  A  N  L  X  N  N  I  N
U  L  A  M  X  P  E  I  X  U  A  G  L  N  O
Q  I  Y  Z  C  R  G  D  T  Q  M  A  S  B  R
Z  F  L  N  L  X  I  C  E  M  Y  N  T  Q  H
```

LAWAN
PUTIH
JUARA
KONTES
DIAGONAL
PEMAIN
PERMAINAN
CERDIK
HITAM
PASIF

POIN
RAJA
RATU
ATURAN
PENGORBANAN
TANTANGAN
STRATEGI
WAKTU
TURNAMEN

2 - Salute e Benessere #2

```
H  N  O  N  A  E  R  N  G  F  T  N  K  R  A
A  W  F  X  N  N  D  V  E  M  T  F  E  U  P
R  Q  R  I  A  E  G  C  N  J  P  V  B  M  E
A  B  Q  N  T  R  N  S  E  E  L  A  E  A  N
D  T  Q  I  O  G  A  Q  T  D  A  X  R  H  C
S  I  P  M  M  I  K  K  I  P  K  I  S  S  E
E  P  E  A  I  W  A  Y  K  O  C  V  I  A  R
H  Z  N  T  Q  P  M  T  A  R  E  B  H  K  N
A  S  G  I  Z  I  U  E  V  T  C  K  A  I  A
T  P  Y  V  Z  I  S  K  E  F  N  I  N  T  A
T  U  B  U  H  T  F  D  Q  P  D  H  A  W  N
D  E  H  I  D  R  A  S  I  G  R  E  L  A  P
C  I  N  D  V  K  N  J  M  Q  U  R  E  M  O
P  E  N  Y  A  K  I  T  I  R  O  L  A  K  E
K  F  L  W  J  O  O  Z  W  P  A  C  J  V  V
```

ALERGI	KEBERSIHAN
ANATOMI	INFEKSI
NAFSU MAKAN	PENYAKIT
KALORI	PIJAT
TUBUH	GIZI
DIET	RUMAH SAKIT
PENCERNAAN	BERAT
DEHIDRASI	DARAH
ENERGI	SEHAT
GENETIKA	VITAMIN

3 - Aggettivi #2

```
P  T  L  B  P  M  E  K  I  R  A  N  E  M  S
R  W  W  A  N  U  L  U  M  A  A  B  A  R  U
O  W  I  N  S  R  E  A  O  L  L  P  S  Z  G
D  K  A  G  R  N  G  T  V  D  F  T  A  I  E
U  E  F  G  A  I  A  K  J  D  I  S  A  L  A
K  R  E  A  P  L  N  C  B  H  T  L  Y  O  S
T  I  D  N  I  S  A  M  Z  H  P  L  B  D  T
I  N  K  R  G  A  V  M  A  B  I  A  S  A  E
F  G  M  O  A  W  S  S  I  B  R  V  I  Z  R
S  E  H  A  T  M  V  D  D  G  K  Z  N  W  K
T  O  E  G  T  U  A  T  U  M  S  M  A  D  E
T  E  R  D  D  A  I  T  F  S  E  F  M  C  N
B  I  K  X  E  W  L  W  I  P  D  W  X  O  A
B  Y  G  L  M  U  W  F  R  S  A  N  A  P  L
K  R  E  A  T  I  F  H  P  I  I  L  W  M  Y
```

LAPAR	KUAT
KERING	MENARIK
ASLI	ALAMI
PANAS	BIASA
KREATIF	BARU
DESKRIPTIF	BANGGA
MANIS	PRODUKTIF
DRAMATIS	MURNI
ELEGAN	ASIN
TERKENAL	SEHAT

4 - Ingegneria

```
N S P E Y P E N G U K U R A N
G A U N M E S I N D D E G A W
S D X E D I A M E T E R B V G
U J U R X N T U A S K G E H L
M N K G L I S K U R T S N O K
B D C I I W K Y R K O A V K J
U N I A Q J Q F M E S T G Q E
A C E E I N Y A A D K I A I U
X A I W S R G O R A E L G S P
S Z S M J E Q K G L K I E L I
S U D U T N L Z A A U B R U R
K A L K U L A S I M A A A P H
S T R U K T U R D A T T K O A
U T K H D A R V L N A S I R H
D I S T R I B U S I N M M P D
```

SUDUT
SUMBU
KALKULASI
KONSTRUKSI
DIAGRAM
DIAMETER
DIESEL
DISTRIBUSI
ENERGI
KEKUATAN

TUAS
CAIR
MESIN
PENGUKURAN
GERAK
KEDALAMAN
PROPULSI
ROTASI
STABILITAS
STRUKTUR

5 - Archeologia

```
J A M A N D A H U L U Q V K M
S N A V H H C A H L I T R E I
K T S O T I M J R F I A F T S
O J N A B A D A R E P B M U T
P E N E L I T I N N L C K R E
O D M N U Y I F A A I I T U R
B C Z L M A K A M S L X K N I
J A B Y W A S E A R A I B A X
E C Z J I G H Q Z O X K S N O
K T Z N D G R F O S I L U I L
W N K L M N Q R O E Y O F I S
D I L U P A K A N F X F N N L
A U Y O N L P K U O B O R P
Z W T V L U L N K R C T D G N
M K Z Q Z T E E Q P U H F J X
```

ANALISIS
JAMAN DAHULU
KUNO
PERADABAN
DILUPAKAN
KETURUNAN
ZAMAN
AHLI
FOSIL

MISTERI
OBJEK
TULANG
PROFESOR
RELIK
PENELITI
TIM
KUIL
MAKAM

6 - Salute e Benessere #1

```
L  T  I  L  U  K  I  N  I  L  K  L  E  E  H
M  H  D  G  K  Q  E  P  J  V  A  S  B  O  N
R  Y  A  X  G  N  N  B  P  A  T  A  H  G  F
X  E  O  E  N  N  L  U  I  O  T  O  T  F  B
W  S  L  M  R  W  I  K  P  A  K  I  S  K  A
Y  W  K  A  D  O  K  T  E  R  S  P  D  R  K
R  Y  F  R  K  U  A  L  V  G  U  A  X  U  T
P  M  K  F  H  S  B  V  J  G  R  R  A  P  E
U  U  X  O  O  L  A  F  M  A  I  E  T  N  R
F  A  R  M  A  S  I  S  Q  J  V  T  W  O  I
R  E  F  L  E  K  S  F  I  K  A  W  M  W
M  C  A  K  E  L  A  P  A  R  A  N  D  R  P
X  E  R  P  O  B  A  T  W  U  Q  V  Y  O  N
G  M  A  P  E  N  G  O  B  A  T  A  N  H  F
B  E  S  I  D  S  F  O  Y  N  Q  D  G  D  L
```

KEBIASAAN	OTOT
TINGGI	SARAF
AKTIF	HORMON
BAKTERI	KULIT
KLINIK	SIKAP
KELAPARAN	REFLEKS
FARMASI	RELAKSASI
PATAH	TERAPI
OBAT	PENGOBATAN
DOKTER	VIRUS

7 - Aggettivi #1

```
M  G  B  P  M  I  M  N  O  P  C  D  Q  Z  L
U  U  R  E  Z  G  H  O  C  H  T  A  J  F  P
L  P  T  A  R  V  Q  N  D  P  X  L  A  E  A
P  B  N  L  S  A  O  E  B  E  Q  A  M  U  P
M  U  D  A  A  T  T  J  R  Z  R  M  B  G  A
T  Z  A  G  N  K  B  E  S  A  R  N  I  W  N
H  B  J  R  R  I  E  E  K  L  X  I  S  D  J
S  Y  Q  A  U  T  A  B  M  A  L  W  I  E  A
X  N  H  H  P  N  M  W  E  S  D  Z  U  R  N
T  V  W  R  M  E  H  Z  V  J  H  K  S  M  G
I  N  E  E  E  D  P  E  N  T  I  N  G  A  P
D  J  D  B  S  I  A  K  T  I  F  I  M  W  J
Z  E  K  S  O  T  I  S  I  P  I  T  P  A  P
J  U  J  U  R  A  R  T  I  S  T  I  K  N  I
A  R  O  M  A  T  I  K  H  V  B  I  V  I  S
```

AMBISIUS	PENTING
AROMATIK	LAMBAT
ARTISTIK	PANJANG
MUTLAK	MODERN
AKTIF	JUJUR
BESAR	SEMPURNA
EKSOTIS	BERAT
DERMAWAN	BERHARGA
MUDA	DALAM
IDENTIK	TIPIS

8 - Geologia

```
X  G  D  B  U  N  M  B  K  Z  G  X  P  W  G
X  E  H  E  C  R  F  N  R  K  W  Z  Z  B  U
N  Y  K  N  Q  L  S  I  I  A  N  O  Z  O  N
N  S  D  U  P  Q  Y  M  S  L  L  Z  L  L  U
Q  E  H  A  T  M  A  U  T  S  Y  A  D  A  N
Y  R  C  S  I  A  G  B  A  I  E  Y  G  P  G
O  A  M  R  M  S  B  A  L  U  N  F  U  I  B
E  A  C  A  G  A  T  P  U  M  Z  H  A  S  E
G  F  K  U  A  Z  E  M  B  H  N  K  P  A  R
A  Y  U  K  L  A  R  E  N  I  M  B  T  N  A
R  R  A  H  A  L  P  G  N  A  R  A  K  K  P
A  Z  W  F  T  I  T  K  A  L  A  T  S  I  I
M  L  R  Y  S  S  R  O  T  R  H  J  Y  E  F
K  I  X  I  S  O  R  E  P  O  C  E  M  H  A
G  J  Q  E  F  F  C  N  N  C  P  N  R  I  I
```

ASAM	MINERAL
KALSIUM	BATU
GUA	KUARSA
BENUA	GARAM
KARANG	STALAGMIT
KRISTAL	STALAKTIT
EROSI	LAPISAN
FOSIL	GEMPA BUMI
GEYSER	GUNUNG BERAPI
LAHAR	ZONA

9 - Campeggio

```
A  P  I  P  E  T  U  A  L  A  N  G  A  N  V
G  T  S  I  M  E  F  G  C  V  O  D  D  I  V
G  Z  J  V  Q  P  J  K  U  R  G  F  N  J  T
N  B  I  Z  N  N  I  Y  P  N  B  Y  E  Z  Q
A  I  G  E  A  H  I  K  O  C  U  Q  T  U  R
R  N  G  H  K  U  S  P  H  S  E  N  K  H  G
E  A  E  F  G  P  P  L  O  Z  N  F  G  A  I
S  T  H  P  N  E  L  N  N  T  D  A  N  A  U
I  A  U  E  A  R  P  V  I  A  K  A  N  O  B
A  N  T  T  N  A  L  U  B  L  K  N  C  G  E
K  G  A  A  E  L  J  D  A  I  O  T  U  E  R
X  X  N  T  Y  A  Q  W  K  Q  M  P  M  J  B
E  I  I  E  N  T  C  H  T  Q  P  A  A  T  U
M  C  N  T  E  A  E  B  Y  X  A  A  L  X  R
I  J  P  I  M  N  D  F  Z  C  S  O  I  A  U
```

POHON	MENYENANGKAN
BINATANG	HUTAN
PERALATAN	API
PETUALANGAN	SERANGGA
KOMPAS	DANAU
KABIN	BULAN
BERBURU	PETA
KANO	GUNUNG
TOPI	ALAM
TALI	TENDA

10 - Arti Visive

```
K  K  P  N  B  W  P  R  R  I  D  P  L  G  A
M  R  A  A  R  V  O  L  U  K  I  S  A  N  R
A  A  E  P  V  M  T  T  E  P  P  W  Z  U  T
H  R  P  A  U  E  R  S  O  I  E  Y  S  T  I
A  S  W  G  T  R  E  R  Q  F  N  Y  H  A  S
K  I  H  G  F  I  T  K  E  P  S  R  E  P  T
A  T  X  N  O  T  V  S  F  K  I  P  E  N  A
R  E  U  A  L  S  P  I  E  M  L  I  F  U  I
Y  K  V  Y  F  L  D  N  T  L  I  L  I  N  L
A  T  T  N  M  K  A  R  W  A  L  I  G  M  H
I  U  S  E  F  L  B  E  X  V  S  A  L  A  A
A  R  O  P  K  O  M  P  O  S  I  S  I  T  N
A  R  A  N  G  K  E  R  A  M  I  K  E  S  A
D  H  L  R  D  Y  A  G  V  P  Z  V  D  Y  T
O  Q  D  P  Y  U  D  W  A  L  P  C  U  J  L
```

ARSITEKTUR
TANAH LIAT
ARTIS
MAHAKARYA
ARANG
PENYANGGA
LILIN
KERAMIK
KOMPOSISI
KREATIVITAS

FILM
FOTO
KAPUR
PENSIL
PENA
LUKISAN
PERSPEKTIF
POTRET
PATUNG
PERNIS

11 - Tempo

```
O  E  C  Z  A  A  S  R  A  W  A  S  A  D  T
D  P  Q  Y  Q  B  S  E  T  E  L  A  H  O  A
N  A  P  E  D  A  S  A  M  H  A  D  W  Y  H
K  F  E  N  P  D  N  X  G  A  Y  H  Z  I  U
E  U  J  R  I  O  S  Z  Y  J  L  N  J  N  N
M  U  L  E  B  E  S  E  E  A  P  A  K  C  A
A  F  J  D  F  U  S  A  G  N  X  N  M  S  L
R  H  G  N  A  I  S  H  R  E  Y  U  X  A  U
I  A  D  E  M  E  N  I  T  M  R  H  Z  A  B
N  R  J  L  K  E  I  U  S  F  O  A  E  T  L
V  I  X  A  Y  J  P  G  J  G  L  T  T  P  K
L  E  L  K  M  P  A  G  I  N  I  I  R  A  H
S  G  Z  O  U  W  L  N  W  Z  Q  S  O  P  A
D  I  P  J  M  Y  B  I  H  G  R  K  R  S  Z
F  H  Z  H  P  G  S  M  O  E  X  I  J  A  C
```

TAHUN	SIANG
TAHUNAN	MENIT
KALENDER	SAAT
DASAWARSA	MALAM
SETELAH	HARI INI
MASA DEPAN	JAM
HARI	SEGERA
KEMARIN	SEBELUM
PAGI	ABAD
BULAN	MINGGU

12 - Astronomia

```
G M N G V J E N W V M R B A K
B R Z F A L U B E N O A U S O
U Y A E M L T T D R N D L T N
M L T V U X A E I B O I A E S
I D S P I C W K L T R A N R T
F Q E S R T O Q S E T S J O E
J X M U O W A W I I S I Y I L
L J E P T P N S S Q A K S D A
X E S E A Q Z R I G Z I O I S
F L M R V L A N G I T X M P I
Q G A N R A M E T E O R S R K
Y J L O E H X L M O Q J O Q A
Z V A V S P L A N E T E K O R
H Z P A B A S T R O N O T Q N
Y Q P X O N I U Q E S J X Z G
```

ASTEROID

ASTRONOT

ASTRONOM

LANGIT

KOSMOS

KONSTELASI

EQUINOX

GALAKSI

GRAVITASI

BULAN

METEOR

NEBULA

OBSERVATORIUM

PLANET

RADIASI

ROKET

SUPERNOVA

TELESKOP

BUMI

ALAM SEMESTA

13 - Algebra

```
F  H  Q  P  E  E  V  R  L  O  N  J  F  L  V
J  J  O  J  E  B  K  U  A  J  O  U  A  F  N
B  R  W  Q  F  R  D  S  W  Q  M  M  K  N  D
F  R  A  K  S  I  S  B  P  N  O  L  T  I  T
I  R  L  B  U  Y  D  A  Y  O  R  A  O  X  P
G  Z  E  D  M  S  I  W  M  H  N  H  R  R  V
S  R  B  J  U  A  V  V  K  A  N  E  X  U  A
O  K  A  Z  R  L  I  Y  N  L  A  G  N  Z  W
L  K  I  F  J  A  S  S  I  A  Y  N  U  V  L
U  G  R  H  I  H  I  N  T  S  A  U  V  F  I
S  F  A  K  Z  K  U  D  I  A  G  R  A  M  N
I  A  V  E  J  N  O  W  A  M  W  U  Q  P  E
T  A  K  T  E  R  B  A  T  A  S  K  K  M  A
P  E  N  G  U  R  A  N  G  A  N  P  I  Z  R
M  A  T  R  I  K  S  W  O  E  I  L  K  M  P
```

DIAGRAM	LINEAR
DIVISI	MATRIKS
PERSAMAAN	NOMOR
EKSPONEN	KURUNG
SALAH	MASALAH
FAKTOR	SOLUSI
RUMUS	JUMLAH
FRAKSI	PENGURANGAN
GRAFIK	VARIABEL
TAK TERBATAS	NOL

14 - Mitologia

```
J F Z K I N N K M U Q B Z K R
P O L A D A S A R A I N T E A
P U T M N W B Y U K K A D L K
P E T I R A S A T E B H P K A
K Y H O I L F D N A E K L T S
E O E L G H B U U B N E P U A
C K I W D A U B G A C K E K K
E Q O A S P Q M R D A U N A T
M L P E J U A N G I N A C L S
B E D J J Y G I R A A T I I D
U G I E D Z M R C N Q A P R V
R E G L W P F I L F W N T E C
U N E V E A X B I A G K A P T
A D L X N O P A B B H B A W A
N A V J G S P L H H H O N N P
```

POLA DASAR
PERILAKU
MAKHLUK
PENCIPTAAN
BUDAYA
BENCANA
DEWA
PAHLAWAN
KEKUATAN
PETIR

KECEMBURUAN
PEJUANG
KEABADIAN
LABIRIN
LEGENDA
GAIB
FANA
RAKASA
GUNTUR

15 - Piante

```
G Y C I R B K A P O L E K K V
X K M L E A U C V Y N U B E K
R J K B K D P R X S U Y M L M
R C W G V M U T P Y S G O U B
V O G T B C P P Q I V Y A B T
Z G Z P X O V M X N C R J M U
L B A O K D Q T J A L R P A P
V E G E T A S I L T Y E J B M
S U T K A K L O B O T B A B U
P E N R R R H H Y B P P V K R
J C M D E D A U N A N V C A W
U F R A K A R H B K A F M C C
G N R O K Q O Y M M T X U A S
P O H O N Q L L V M U T J N C
B U N G A E F K H O H T P G I
```

POHON	PUPUK
BERRY	BUNGA
BAMBU	FLORA
BOTANI	DEDAUNAN
KAKTUS	HUTAN
SEMAK	KEBUN
TUMBUH	LUMUT
IVY	KELOPAK
RUMPUT	AKAR
KACANG	VEGETASI

16 - Spezie

```
K Q P U E I U G S I B A D A L
Z A P C H T I N P P A N X V I
M S Y V A N I L A A W I J W C
V A C U J D Q N S H A S T Z O
S R A B M U T E K I N E A W R
Q T I W S A G T I T G W P F I
I U V F E F N N G M L Q C X C
Q U M A N I S I K U N Y I T E
Y L R L W P J J S H X T R D N
I X S I W Y A G A L U P A K A
M Q Z Z U T I P G J J L K J D
B K L X I J T J R A W R X P A
Z K I R M N M F V I R I O A S
T X A I Y S U N I G K A Y L I
B A W A N G P U T I H A M A E
```

BAWANG PUTIH	ADAS
PAHIT	RASA
ANISE	LICORICE
KAYU MANIS	PALA
KAPULAGA	PAPRIKA
BAWANG	LADA
KETUMBAR	GARAM
JINTEN	VANILA
KARI	KUNYIT
MANIS	JAHE

17 - Numeri

```
M Q I T H N T A P M E E F T B
T F Q D U A I M D K L M Z U L
A I M A L P G I U C I P D J U
J F G G U A A L A S M A E U T
R H T A P L B O B A A T L H G
B T V G A E E N E T B B A M T
R A E A U D L I L U E E P Z U
W J Y H D Z A Q A W L L A S J
A J Y A C F S M S W A A N A U
S E P U L U H K R C S S B L H
D D E S I M A L F J U G E M B
H U Z S A L E B M A N E L S E
X I S N T L T H V U G N A T L
D F T W F X B X N B D A S I A
K Z P A G H N A L I B M E S S
```

LIMA
DESIMAL
TUJUH BELAS
DELAPAN BELAS
SEPULUH
DUA BELAS
DUA
SEMBILAN
DELAPAN
EMPAT BELAS

EMPAT
LIMA BELAS
ENAM BELAS
ENAM
TUJUH
TIGA
TIGA BELAS
SATU
DUA PULUH
NOL

18 - Cioccolato

```
K C L I E M I S Z G Z S A Y S
Y A V Q A A W T K U Y J U M K
E X R K W N B W A L R Q X K A
J W Q A N I I N K A A P W Z L
R A S A M S V A A X Z E X B O
K R T B O E U D O T P R V Z R
U N E E X C L I I N S M C H I
B D P S I T O S K E A E C K A
U A Z L E Q S K U D T N D V R
B P H K P P H O R R I E X P O
Y A T A Z E L I P G L H Z C M
I L R X N A R T I S A N A L A
I E A L L I M N L B U Q O G H
B K X S E G N A C A K X O A Z
R Z L G P A H I T I R O V A F
```

PAHIT
ANTIOKSIDAN
KACANG
AROMA
ARTISANAL
KAKAO
KALORI
PERMEN
KARAMEL
LEZAT

MANIS
EKSOTIS
RASA
BAHAN
KELAPA
BUBUK
FAVORIT
KUALITAS
RESEP
GULA

19 - Guida

```
P M A V R O T O M A D E P E S
B E N T I V L Q J R O T O M B
N S J O D V L Q M H Z P L C A
A K R A K A B N A H A B I E S
U I S Y L S J K I S N E S I L
A X U A I A C A C L J H I J F
E W R H B G N K E A M A N A N
H S B A O A Q K G A S I B R A
F Q B B M N K L A G Q T Z M L
K E C E P A T A N K A P Y I A
K E C E L A K A A N I R O W J
T R A N S P O R T A S I A U G
R E M Q K X M P E T A F F S P
L A L U L I N T A S B I X Y I
T E R O W O N G A N Q Q L V U
```

MOBIL
BIS
BAHAN BAKAR
REM
GARASI
GAS
KECELAKAAN
LISENSI
PETA
SEPEDA MOTOR

MOTOR
PEJALAN KAKI
BAHAYA
POLISI
KEAMANAN
JALAN
LALU LINTAS
TRANSPORTASI
TEROWONGAN
KECEPATAN

20 - I Media

```
I F O T O Z L D V T D K A R L
R N K Y O I O U Q E T Y E D G
T A T K A F K I N D I V I D U
S L X E O Y A H U F E C Q X D
U K X F L M L L U Q G D H D J
D I S I D E U M M Y F X N S O
N K E J F K K N A G N I R A J
I O V Y K O Y T I K J J I U Z
S M U M U R J L U K R S Y K R
I E A X A A S V B A A A N G I
V R L X Q N U N C R L S D N J
E S P E N D A P A T R I I I Y
L I D P E N D A N A A N U R O
E A P E N D I D I K A N O A W
T L D I G I T A L W N R C D O
```

KOMERSIAL

KOMUNIKASI

DIGITAL

EDISI

PENDIDIKAN

FAKTA

PENDANAAN

FOTO

KORAN

INDIVIDU

INDUSTRI

INTELEKTUAL

LOKAL

DARING

PENDAPAT

IKLAN

UMUM

RADIO

JARINGAN

TELEVISI

21 - Forza e Gravità

```
G  P  R  O  P  E  R  T  I  C  X  D  W  O  N
Z  E  F  J  B  H  J  Y  B  V  Y  I  A  E  S
I  M  S  O  Q  V  T  I  B  R  O  N  K  K  U
J  S  F  E  E  E  W  E  U  P  D  A  T  S  M
Q  I  I  B  K  V  P  K  K  J  I  M  U  P  B
P  T  S  J  T  A  R  E  B  A  G  I  D  A  U
L  E  I  A  O  D  N  I  X  Z  N  S  Q  N  W
A  N  K  R  K  R  V  Q  Z  B  U  A  M  S  M
N  G  A  A  A  I  A  A  S  L  T  S  N  I  P
E  A  P  K  R  G  N  A  U  M  E  N  E  P  U
T  M  E  R  E  Y  V  A  N  S  U  X  L  V  S
P  T  M  H  G  Q  G  B  K  J  Q  F  H  B  A
P  N  M  D  M  L  A  S  R  E  V  I  N  U  T
D  A  M  P  A  K  A  P  E  M  M  H  G  E  F
J  Q  Z  K  E  C  E  P  A  T  A  N  B  C  U
```

SUMBU	GERAK
GESEKAN	ORBIT
PUSAT	BERAT
DINAMIS	PLANET
JARAK	TEKANAN
EKSPANSI	PROPERTI
FISIKA	PENEMUAN
DAMPAK	WAKTU
MAGNETISME	UNIVERSAL
MEKANIKA	KECEPATAN

22 - Caffè

```
K G D C Q E I H A G F M C J G
N A C Z C X G H S U L I A T F
R A F N U U L Q A L Y N N N U
W Q K E T S K D L A I U G C B
A S A M I Z L A B M P M K E F
V R S M H N K J C L I A I G J
H P Z S A Z N W J G S N R S U
V T C N P I P K A H A R G A E
A R O M A E T C I I I X N Z N
M E N G G I L I N G R R A S A
I P Y E N S U S U A A Z G B L
N J C Q Z I U D L P V L G Z Q
C I A X N X R W Q S S S N Q G
G V I K R I M A T I H Y A E E
S B R L X G A J S F O E P P F
```

ASAM
AIR
PAHIT
AROMA
PANGGANG
MINUMAN
KAFEIN
KRIM
SARING
RASA

SUSU
CAIR
MENGGILING
PAGI
HITAM
ASAL
HARGA
CANGKIR
VARIASI
GULA

23 - Uccelli

```
G B Z E O T G Z A C R M B C P
H U A E M E Q Y E T Z E U U E
K G L N M E R P A T I R R C L
E G Q L G Y W B J E C A U K I
B U L U X A T X C W Z K N O K
E Q S G H O U R Z O C U G O A
B A K Y N M C D H G R F B P N
T B U R U N G H A N T U E E A
O A U U A X J V B I X J O N N
U A I L R K G B J M A Y A G G
C J F E E Z E N M A H V N U S
A Y Y T O V G N A L E I A I A
N I R J J D S W A F C D R N V
J T I P I P G N U R U B C C E
B U R U N G U N T A I J L M D
```

BEBEK
ELANG
KENARI
BANGAU
ANGSA
MERPATI
CUCKOO
FLAMINGO
GULL
BURUNG HANTU

BURUNG BEO
BURUNG PIPIT
MERAK
PELIKAN
PENGUIN
BULU
AYAM
BURUNG UNTA
TOUCAN
TELUR

24 - Giorni e Mesi

```
P O S J V I L A A E V E N O F
O K T O B E R W O Q J A A X Y
M A R E T M E A W O U T B A S
H S V D A I B S U W L M X Z W
C A S D M N M L W R I U D Y M
T L T W U G E A G B B P F A Q
K E A B J G V N P R X E U E A
U S H P M U O R I R F E F N J
T I U B D S N Y P E I I V F O
A P N T Y I V N Q B C L E R E
J A N U A R I A E M C U E A L
P C B N J V N L E E K A S B V
V O S S S M S U T S U G A U M
D G L J J R E B M E T P E S V
S E N I N M V R E D N E L A K
```

AGUSTUS	SENIN
TAHUN	SELASA
APRIL	MARET
KALENDER	RABU
DESEMBER	BULAN
MINGGU	NOVEMBER
FEBRUARI	OKTOBER
JANUARI	SABTU
JUNI	SEPTEMBER
JULI	JUMAT

25 - Casa

```
P K F V I O P K D P S A P U P
G E E U E C K A A E A Q A Q E
L F R Y K E E R P Q C G T F R
A J E A C G R P U C Q S A F P
N L R L P N A E R F V I H R U
T O U E U I N T K P I N T U S
A T X D V D A N I F D I S P T
I E S N K N G N F B N M G M A
B N F E C I N E U Z A R A A K
A G M J C D A I B B M E R L A
M Q D Y I L U X W C E C A I A
Z P P L Y D R K Y J R K S M N
L A N G I T L A N G I T I N B
F N R R A W V Y G E A O K P B
X K C P Y U O S N U U W X R F
```

LOTENG
PERPUSTAKAAN
RUANGAN
PERAPIAN
DAPUR
MANDI
JENDELA
GARASI
KEBUN
LAMPU

DINDING
LANTAI
PINTU
PAGAR
KERAN
SAPU
LANGIT-LANGIT
CERMIN
KARPET
ATAP

26 - Fantascienza

```
L F O N E L C A R O W T B W M
X S I Y U K U B Q T A C O L Y
J N S H I Y S I T S I L A E R
A P K P D T H T A D I L U S I
I M A J I N E R R H U D P J T
P P L S M M U R D E P N H Z E
O O A I P O T S I D M H I N K
T K G F U T U R I S T I K A N
U S M O F A N T A S T I S K O
L O P L A N E T C X K Q D A L
W I E L A B W A B C R M M D O
P B N J E W O X M G V V X E G
V F D J J U H U O A T B K L I
Z Q W Y R O B O T I V O G B W
U D N J M Q S C A B P C T Z F
```

ATOM
BIOSKOP
DISTOPIA
LEDAKAN
EKSTREM
FANTASTIS
API
FUTURISTIK
GALAKSI
ILUSI

IMAJINER
BUKU
GAIB
DUNIA
ORACLE
PLANET
REALISTIS
ROBOT
TEKNOLOGI
UTOPIA

27 - Città

```
T N X L O L J P T J R B A N K
M O W E O G R Q O B E I Q A U
S I K T E E Y L K I S V D A N
U D I O K O T Y O O T Y E K I
P A N H B M S V R S O F Z A V
E T I I V U I S O K R A Q T E
R S L B Q E K Z T O A R M S R
M Y K A O S Y U I P N M B U S
A B E N Q U O Z R I G A X P I
R N W D Z M W M E X F S E R T
K Z I A M E N B L G T I Z E A
E B R R B V D I A L H C I P S
T O Q A K K P Y G T E A T E R
P A S A R F L O R I S T S G C
N S S E K O L A H W Q S P R F
```

BANDARA
BANK
PERPUSTAKAAN
BIOSKOP
KLINIK
FARMASI
FLORIST
GALERI
HOTEL
TOKO BUKU

PASAR
MUSEUM
TOKO
TOKO ROTI
RESTORAN
SEKOLAH
STADION
SUPERMARKET
TEATER
UNIVERSITAS

28 - Fattoria #1

```
K F H F S W K A G P S A V R A
U A Y Y A M C K X A P Y R C B
S T M H P M P L A G M A U G J
V V Y B I B A B I A N M J N L
W V T O I I D Z R R E I W W K
K U D A S N J E R A M I C O V
L H A F A A G B N P V E H U C
E P Z F N N F I Q E B T R G K
B H U A O D D N R B E T I S
A K V P G W R A G T P S M S G
H E H J U A E N O A B A R E Y
H K O E I K R G G N E Y Z U Z
A N J I N G P A C I N A D M D
Z U K E L E D A I A I N D P D
O T N K N C T G I N H G P A X
```

AIR
PERTANIAN
LEBAH
KELEDAI
BIDANG
ANJING
KAMBING
KUDA
PUPUK
JERAMI

KUCING
KAWANAN
BABI
SAYANG
SAPI
AYAM
PAGAR
NASI
BENIH
BETIS

29 - Psicologia

```
C  F  R  B  N  X  I  C  I  H  J  R  R  K  P
S  Z  B  S  A  L  I  T  E  N  L  A  R  N  R
T  T  X  I  R  W  N  A  I  A  L  I  N  E  P
A  E  U  N  I  V  A  I  D  E  C  D  M  J  J
Y  R  T  I  K  E  V  H  F  O  X  K  I  P  I
R  E  A  L  I  T  A  S  S  E  M  O  S  I  S
T  L  M  K  P  U  W  I  O  A  L  P  P  K  A
K  O  N  F  L  I  K  C  O  P  D  X  E  O  S
P  E  R  I  L  A  K  U  O  W  A  A  S  G  N
C  I  S  D  M  Y  R  T  G  Q  M  O  R  N  E
P  E  N  G  A  R  U  H  E  V  K  H  E  I  S
M  L  Q  J  P  V  X  G  F  R  G  B  P  S  E
M  A  S  A  L  A  H  E  B  J  A  A  O  I  J
P  E  N  G  A  L  A  M  A  N  I  P  M  I  M
K  E  P  R  I  B  A  D  I  A  N  J  I  S  E
```

JANJI	PENGARUH
KLINIS	PIKIRAN
KOGNISI	PERSEPSI
PERILAKU	KEPRIBADIAN
KONFLIK	MASALAH
EGO	REALITAS
EMOSI	SENSASI
PENGALAMAN	MIMPI
IDE	TERAPI
BAWAH SADAR	PENILAIAN

30 - Paesaggi

```
L W L K Q G L L O K P C I N V
I A G N U S E N U D X V G S F
K R U Z A I M D D A W H Y I W
U D G T N S B Q F Y R A G D M
O N A Z A A A X A I Q R U N S
G U U Q D O H O I U L A N I E
G T S J X X K L I P B W U B M
E D R Q R E S T E L G A N M E
Y G B F S E G N U N U G G Q N
S P I E L C T Z D F K B S W A
E P G O X F Y R J Y R Q V I N
R U G U R U N E I A T N A P J
R L C I J V H X D A S Z Y R U
C A I P A R E B G N U N U G N
R U B U K I T Q V I P G U U G
```

AIR TERJUN	DANAU
BUKIT	LAUT
GURUN	GUNUNG
DUNES	OASIS
SUNGAI	RAWA
GEYSER	SEMENANJUNG
GLETSER	PANTAI
GUA	TUNDRA
GUNUNG ES	LEMBAH
PULAU	GUNUNG BERAPI

31 - Energia

```
Y  B  Y  T  M  C  U  R  K  M  P  W  R  P  H
P  A  U  U  A  Y  T  C  E  Y  O  C  V  T  I
C  T  S  R  G  N  O  U  F  P  L  E  O  X  D
Q  E  I  B  W  M  Y  T  Z  B  U  P  T  E  R
A  R  B  I  P  O  R  T  N  E  S  E  M  K  O
D  A  A  N  O  B  R  A  K  N  I  U  H  C  G
N  I  P  K  X  M  G  N  H  S  A  N  A  P  E
M  U  E  Q  A  J  X  O  O  I  D  I  J  N  N
F  E  K  N  W  B  W  Y  G  N  P  K  Q  O  K
O  K  S  L  L  S  N  I  N  D  U  S  T  R  I
T  H  Q  I  I  K  F  A  O  I  L  V  G  T  R
O  A  L  F  N  R  B  L  H  G  V  M  P  K  T
N  N  L  V  E  Q  W  I  X  A  O  C  W  E  S
L  I  N  G  K  U  N  G  A  N  B  M  K  L  I
D  I  E  S  E  L  A  N  G  I  N  S  O  E  L
```

LINGKUNGAN	FOTON
BATERAI	HIDROGEN
BENSIN	INDUSTRI
PANAS	POLUSI
KARBON	MESIN
BAHAN BAKAR	NUKLIR
DIESEL	TURBIN
LISTRIK	UAP
ELEKTRON	ANGIN
ENTROPI	

32 - Ristorante #2

```
S E N D O K P R Y M A S M H S
R B U L L Z E E T I V O A K K
U M P K H T M M N S Q N K C B
S D R C S J B P A R L O A T Y
U L A M A R U A B U A H N X M
P Y G W Y U K H A K S J M Z I
C H Q X U H A R J C A L A I N
L T D Q R O L E Z X X J L X U
W E A F A C J M E U T Z A N M
A L K Z N I G P B X Q Q M C A
W U R E E O A A G L X G J S N
V R T H K L I H L S A L A D B
G A R A M D R B N E E J K E R
M A K A N S I A N G S H H T B
I K A N A Y A L E P R G O F D
```

AIR	SALAD
PEMBUKA	SUP
MINUMAN	IKAN
PELAYAN	MAKAN SIANG
MAKAN MALAM	GARAM
SENDOK	KURSI
LEZAT	REMPAH-REMPAH
GARPU	KUE
BUAH	TELUR
ES	SAYURAN

33 - Moda

```
Y Y W N T H K M S K V P R F H
O C R K E F E I L S A P O Y N
O W F C K M C N A G E L E L I
M S U R S O E I V U L P R O A
Y A K N T D N M O K P E P B K
V N H J U E D A T Z D N I M I
T A C A R R E L O F H G M O T
N H A A L N R I T G D U U T U
Y R N F Q M U S B U M K D R B
A E G H N L N A M A L U S H H
M D G M X S G V G F B R Y O Q
A E I A U V A R W A Y A W B U
N S H T X R N H Z Z Y N O O D
H P A K A I A N H V R A R E T
P R A K T I S R E N D A E L T
```

PAKAIAN   ASLI
BUTIK   RENDA
MAHAL   PRAKTIS
NYAMAN   TOMBOL
ELEGAN   SULAMAN
MINIMALIS   CANGGIH
PENGUKURAN   GAYA
POLA   KECENDERUNGAN
MODERN   KAIN
SEDERHANA   TEKSTUR

34 - L'Azienda

```
F S A T I L A U K I U X M O I
C E U T Y Z M C L N U P N K N
T A V M X I K W V O N E A L V
N T L A B O L G E V I I S H E
N A A J R E K E P A T N U W S
I M B R Y J R V C T F D T L T
K R E A T I F D M I T U U C A
E Y V N E T B C A F A S P T S
R E P U T A S I I Y X T E R I
R V K E M A J U A N A R K E I
I V U X C P Q L Z B Q I J N C
S Z D G P R O F E S I O N A L
I V O P E N D A P A T A N D D
K M R K E M U N G K I N A N R
O L P P R E S E N T A S I K Y
```

KREATIF
KEPUTUSAN
GLOBAL
INDUSTRI
INOVATIF
INVESTASI
PEKERJAAN
KEMUNGKINAN
PRESENTASI
PRODUK

PROFESIONAL
KEMAJUAN
KUALITAS
PENDAPATAN
REPUTASI
RISIKO
SUMBER DAYA
UPAH
TREN
UNIT

35 - Giardino

```
G Q N D C B T Y N D U O M Y X
T U I X U A R E S Z O R E S H
R T L T C N U N R H X C N O Q
P A O M S G M I X A A H Y H G
S B P A A K P V J N S A A C O
Z U M L D U U O I A D R P W O
N E A O N N T Y Z T K D U X Z
L P R K A S S Z I R K E B U N
Q Q T J R E S E Q A B U N G A
W H N D E M Q G L G A R A S I
Z U O Y B A E S X A K Z U N D
J G T B I K A S X P N O H O P
T G N P Z C G Z S S J G W E K
U S A S B U L C A B B T X Z Y
N J N H X M G C E S E K O P A
```

POHON	BERANDA
SEMAK	MENYAPU
RUMPUT	PAGAR
GULMA	BATU
BUNGA	KOLAM
ORCHARD	TANAH
GARASI	TERAS
KEBUN	TRAMPOLIN
SEKOP	SELANG
BANGKU	VINE

36 - Riscaldamento Globale

```
H N Z C J N A R I G R E N E S
L A E W F H R C N A W U M L I
I I B J I M K P T T P M I P S
N T W I G S T E E A O A N E A
G A E S T V I M R D P S D M L
K H B A E A K B N V U A U E S
U R M R J H T A A H L D S R I
N E N E Y L J N S B A E T I G
G P L N P U P G I H S P R N E
A H N E F J A U O G I A I T L
N U F G I K S N N I A N Z A C
K H P V A V J A A X K S T H H
Q U X F Y Y H N L C S L T U S
J S E K A R A N G S I S I R K
Q C Z Y F L B F K C M D G M M
```

LINGKUNGAN
ARKTIK
PERHATIAN
IKLIM
KRISIS
DATA
ENERGI
MASA DEPAN
GAS
GENERASI

PEMERINTAH
HABITAT
INDUSTRI
INTERNASIONAL
LEGISLASI
SEKARANG
POPULASI
ILMUWAN
PEMBANGUNAN
SUHU

37 - Frutta

```
A Q I V B E G N O L E M K I B
F P M D A O K A O E B H M E L
U H E R N U K N F K E R Y K A
M Q R L G O B A T Y C D Y R C
B A P L G B E S P E R S I K K
E K N Q U P D J M H G O C U B
R I L G R Y E S Y R Z L P R E
R W K N G R R P X Q C E C E R
Y I T A O A T V A X W M E J R
S F Y S Z O A V B Y F O R B Y
G E A I F U N I B F A N I U A
W Z P P N E C T A R I N E P X
A P R I K O T A K U P L A I L
H S Y T E Y R R E B P S A R I
H R B B Y A R Y P C U J K K X
```

APRIKOT
NANAS
JERUK
ALPUKAT
BERRY
PISANG
CERI
KIWI
RASPBERRY
LEMON

MANGGA
APEL
MELON
BLACKBERRY
NECTARINE
PEPAYA
PIR
PERSIK
PREM
ANGGUR

38 - Fattoria #2

```
M B M Q X M B S Q F Y D X R C
A U S U S J I H B R X O L V C
K A U M U D N A G H Q M E L I
A H O Y E D A D C X P B I Q P
N B V B V J T I R G N A T A M
A J E A I F A E R O T K A R T
N E B B H A N O O I A N G S A
W L L O E D G Y R N G C U B L
P A J P E K N I E C I A D X P
O I R W B G U F S P H M S E E
G U D A N G G V F C W A V I T
G G Q C T K A X A D O L R F A
U C A H C N J K D D R L Z D N
B Y J G E M B A L A X J B G I
P A D A N G R U M P U T S B N
```

PETANI	LLAMA
BEEHIVE	SUSU
BEBEK	JAGUNG
BINATANG	MATANG
MAKANAN	ANGSA
GUDANG	JELAI
BUAH	GEMBALA
ORCHARD	DOMBA
GANDUM	PADANG RUMPUT
IRIGASI	TRAKTOR

39 - Verdure

```
B  B  Q  A  W  A  H  E  E  K  D  I  U  S  A
M  A  A  I  X  H  I  L  O  K  O  R  B  E  R
Z  T  W  W  H  W  T  A  M  O  T  U  A  L  T
A  B  U  A  A  T  U  K  V  B  U  F  L  E  I
N  W  O  G  N  N  P  J  F  A  T  C  T  D  C
P  P  J  A  C  G  G  W  E  Y  J  E  K  R  H
K  A  C  A  N  G  N  M  D  A  L  A  S  I  O
B  J  Q  I  Z  J  A  P  E  M  G  E  M  N  K
S  N  Z  C  Y  A  W  Q  O  R  N  G  T  U  E
F  K  V  I  O  H  A  Z  G  W  A  D  E  M  R
L  O  B  A  K  E  B  N  L  O  T  H  R  I  Z
P  E  T  E  R  S  E  L  I  R  N  P  O  T  G
Z  A  I  T  U  N  U  Z  H  T  E  I  N  N  L
A  H  T  Z  S  T  E  Q  M  E  K  N  G  E  P
A  M  G  B  T  M  V  O  P  L  L  C  I  M  L
```

BAWANG PUTIH	KENTANG
BROKOLI	KACANG
ARTICHOKE	TOMAT
WORTEL	PETERSELI
MENTIMUN	LOBAK
BAWANG	BAWANG MERAH
JAMUR	SELEDRI
SALAD	BAYAM
TERONG	JAHE
ZAITUN	LABU

40 - Musica

```
Z  P  T  N  I  X  O  B  I  Y  F  T  I  L  Y
I  Z  A  V  K  U  P  A  X  O  H  T  B  Y  A
B  F  L  D  I  Z  E  L  A  K  I  S  U  M  B
M  E  A  M  U  H  R  A  Z  Q  L  M  A  M  C
E  N  R  P  H  A  A  D  A  T  Y  I  H  N  U
L  T  I  I  I  Y  N  A  Y  N  E  M  R  M  H
O  X  X  N  R  K  I  S  A  L  K  U  O  I  E
D  O  R  O  A  A  Q  N  U  G  D  B  N  S  S
I  R  M  M  G  E  M  P  O  A  J  L  T  I  J
W  E  F  R  C  N  F  A  J  M  R  A  I  S  W
R  K  G  A  P  U  I  T  I  S  U  A  R  U  A
J  A  Q  H  P  E  N  Y  A  N  Y  I  A  M  P
H  M  K  J  J  N  O  F  O  R  K  I  M  B  C
P  A  A  Q  Z  L  K  I  N  O  M  R  A  H  Y
E  N  S  K  D  V  O  K  A  L  B  A  O  F  M
```

ALBUM	MIKROFON
HARMONI	MUSIKAL
HARMONIK	MUSISI
BALADA	OPERA
PENYANYI	PUITIS
MENYANYI	REKAMAN
KLASIK	BERIRAMA
PADUAN SUARA	IRAMA
LIRIS	ALAT
MELODI	VOKAL

41 - Barbecue

```
U  A  S  I  P  M  V  H  V  G  M  W  B  H  P
N  P  M  I  P  T  A  M  O  T  T  U  P  V  U
D  E  U  J  U  V  J  K  H  P  E  M  S  G  X
A  R  S  C  Y  F  D  G  A  K  V  P  H  I  B
N  M  I  H  M  A  L  A  M  N  A  K  A  M  K
G  A  M  D  O  G  L  R  L  N  A  G  U  S  B
A  I  P  D  M  R  I  A  E  A  B  N  B  A  T
N  N  A  E  R  A  R  M  P  R  S  A  L  U  N
T  A  N  S  G  U  G  S  D  A  B  I  G  S  M
T  N  A  U  W  L  C  V  V  P  K  S  D  B  V
A  Y  S  O  R  E  E  E  K  A  H  N  P  F  Q
Y  J  D  Q  Q  K  O  H  I  L  U  A  M  Y  M
A  L  A  D  A  O  V  P  Z  E  I  K  H  U  T
M  C  J  C  W  M  J  W  W  K  L  A  Z  N  B
P  A  N  A  S  B  A  W  A  N  G  M  B  D  E
```

PANAS	GRILL
MAKAN MALAM	SALAD
MAKANAN	UNDANGAN
BAWANG	MUSIK
PISAU	LADA
MUSIM PANAS	AYAM
KELAPARAN	TOMAT
KELUARGA	MAKAN SIANG
BUAH	GARAM
PERMAINAN	SAUS

42 - Insetti

```
K F A Y I J C T V C N I R F V
U M O G N A L A L E B A H P Z
P Y C N A X O G C S E M U T H
U A E A J S X N R I T A W O N
K P K B J D G E J B N I L M C
U B E M D C W G V U R G C D L
P P K U M A Y N D Q B J Y Q X
U K T K I R K G N A J A S Y L
H S E L N X L U Q B J X O T E
M A N T I S W A Q B K B K K B
L A R V A J C T D I H P A U A
Z X O H Q Y X F V Y F C S T H
P U H S K S Z U D P B P V U P
T Y L U M W G X J Q F U D S A
C A P U N G R A Y A P G G I U
```

APHID
LEBAH
HORNET
BELALANG
JANGKRIK
LADYBUG
KUMBANG
NGENGAT
KUPU-KUPU
SEMUT

LARVA
CAPUNG
MANTIS
AGAS
KUTU
KECOA
RAYAP
CACING
TAWON
NYAMUK

43 - Fisica

```
E F B U N I V E R S A L Y A T
L I S A R E L E S K A S R C G
E M A C H R F P O V A Z K H L
K E T C K A J Y D E Z C J L U
T S I K E Q N A T A D A P E K
R I V E C G A K R G A S G K E
O N I M E J U C I E I I R I L
N T T S P C A O L M S S A T O
E J A I A C C V K O I N V R M
F N L T T P A N U T S A I A M
H Q E E A B K B N A H P T P Q
S D R N N D E R U M U S A G S
Y F G G P X K O C C V K S H Q
M E K A N I K A M B U E I T X
P I R M F R E K U E N S I I E
```

AKSELERASI	GRAVITASI
ATOM	MAGNETISME
KEKACAUAN	MEKANIKA
BAHAN KIMIA	MOLEKUL
KEPADATAN	MESIN
ELEKTRON	NUKLIR
EKSPANSI	PARTIKEL
RUMUS	RELATIVITAS
FREKUENSI	UNIVERSAL
GAS	KECEPATAN

44 - Agronomia

```
E  Y  B  T  K  P  R  I  S  E  T  E  Y  G  J
U  K  K  I  B  I  E  A  B  A  S  N  P  W  E
P  I  O  Y  Z  H  A  N  A  T  O  E  O  L  O
M  N  F  L  X  Y  L  H  Y  N  C  R  L  I  I
A  A  N  A  O  I  L  M  U  A  K  G  U  N  D
T  G  I  N  T  G  H  E  T  H  K  I  S  G  E
X  R  E  Y  G  Z  I  T  P  U  M  I  I  K  N
I  O  G  Q  W  O  N  S  E  B  A  Q  T  U  T
E  P  U  P  U  K  E  I  D  M  K  F  O  N  I
H  R  N  C  K  Y  B  S  E  U  A  Y  N  G  F
Y  U  O  D  Q  A  Z  I  S  T  N  V  T  A  I
Q  E  D  S  D  I  Y  N  A  R  A  P  G  N  K
Q  N  Q  V  I  R  M  K  A  E  N  Q  W  F  A
P  R  O  D  U  K  S  I  N  P  B  C  F  H  S
P  E  R  T  A  N  I  A  N  Y  K  P  B  F  I
```

AIR
PERTANIAN
LINGKUNGAN
MAKANAN
PERTUMBUHAN
EKOLOGI
ENERGI
EROSI
PUPUK
IDENTIFIKASI

POLUSI
PENYAKIT
ORGANIK
PRODUKSI
RISET
PEDESAAN
ILMU
BENIH
SISTEM
TANAH

45 - Erboristeria

```
S  K  B  T  I  M  I  A  Y  U  L  W  A  K  A
P  U  A  G  N  U  B  Y  R  T  W  U  D  I  Z
J  P  W  B  A  H  A  N  A  O  D  A  A  P  Z
Y  M  A  R  O  J  R  A  M  K  M  Q  S  T  J
B  Y  N  U  B  E  K  D  E  U  C  A  D  I  L
E  D  G  O  Z  I  F  Z  S  A  D  L  T  E  F
H  X  P  D  R  L  N  K  O  L  Q  H  N  I  I
I  P  U  L  E  E  O  N  R  I  D  V  I  G  K
J  F  T  K  N  S  G  O  E  T  M  H  M  N  L
A  N  I  I  I  R  A  A  D  A  R  V  N  A  S
U  I  H  T  L  E  R  I  N  S  X  M  V  M  Z
M  T  T  U  U  T  R  D  E  O  I  C  D  E  S
Z  Z  Y  V  K  E  A  X  V  F  J  N  T  K  J
T  T  R  B  X  P  T  B  A  H  H  Q  D  R  V
A  J  U  U  K  H  R  D  L  K  U  N  Y  I  T
```

BAWANG PUTIH
DIL
AROMATIK
KEMANGI
KULINER
TARRAGON
ADAS
BUNGA
KEBUN
BAHAN

LAVENDER
MARJORAM
MINT
OREGANO
PETERSELI
KUALITAS
ROSEMARY
TIMI
HIJAU
KUNYIT

46 - Biologia

```
O  U  I  X  C  H  B  A  K  T  E  R  I  K  N
X  R  V  M  O  S  O  M  O  R  K  H  D  T  B
I  B  K  G  Y  I  O  N  I  E  T  O  R  P  T
F  A  R  A  S  S  V  A  Q  V  J  H  A  V  M
N  O  O  S  M  O  S  I  S  O  W  S  B  J  O
A  S  T  N  V  I  H  H  S  L  I  T  P  E  R
N  N  H  O  X  B  J  F  B  U  M  F  E  U  M
Z  E  A  G  S  M  G  D  H  S  A  E  T  A  F
A  A  U  T  S  I  L  T  M  I  L  G  M  U  Y
W  S  W  R  O  S  N  K  O  L  A  G  E  N  Z
V  B  E  S  O  M  J  T  M  U  T  A  S  I  C
Q  W  S  P  A  N  I  S  E  B  E  N  Z  I  M
E  M  B  R  I  O  U  A  U  S  J  Y  L  D  P
H  O  R  M  O  N  S  E  L  T  I  P  R  U  U
X  M  A  M  A  L  I  A  X  D  C  S  M  M  T
```

ANATOMI
BAKTERI
SEL
KOLAGEN
KROMOSOM
EMBRIO
ENZIM
EVOLUSI
FOTOSINTESIS
MAMALIA

MUTASI
ALAMI
SARAF
NEURON
HORMON
OSMOSIS
PROTEIN
REPTIL
SIMBIOSIS
SINAPS

47 - Attività Commerciale

```
T R A N S A K S I E Z E F B A
N R N A K I J A M B D A N G J
G U I A P E N D A P A T A N U
J P Z H M A T A U A N G G K A
P D A A B A L D I S K O N A N
Q A D S K A N T O R M K A R G
Z Y B U I G A X L Z R O U I Y
R A D R E N I N E B H T E E Q
N I C E I M V A G K R T K R A
I B Q P S K F E T G K U J P J
K A R Y A W A N S Q A I W V K
P E N J U A L A N T J R F F T
K B J K C V U D G G A U A F W
Z Y E K O N O M I F P S N N Y
O B O O W P I H R G F O I P B
```

ANGGARAN	LABA
KARIER	PENDAPATAN
BIAYA	DISKON
MAJIKAN	PERUSAHAAN
KARYAWAN	UANG
EKONOMI	PAJAK
PABRIK	TRANSAKSI
KEUANGAN	KANTOR
INVESTASI	MATA UANG
TOKO	PENJUALAN

48 - Fiori

```
L  C  A  L  I  L  C  G  D  P  A  Q  D  E  J
S  M  Y  N  O  E  P  T  A  O  L  M  A  R  Z
K  G  O  U  G  L  J  M  I  P  X  A  F  E  A
K  S  C  X  G  G  M  B  S  P  H  G  F  W  C
K  Y  Y  K  E  I  R  A  Y  Y  Q  N  O  O  P
K  T  L  K  H  N  T  E  W  L  P  O  D  L  L
P  E  I  X  T  V  B  R  K  A  O  L  I  F  U
F  K  L  R  O  X  P  E  Q  O  R  I  L  N  M
M  U  N  O  I  L  E  D  N  A  D  A  U  O  E
A  B  V  K  P  B  D  N  M  E  L  A  T  I  R
D  I  G  G  N  A  M  E  S  Q  S  C  H  S  I
P  W  R  F  X  M  K  V  E  U  L  L  K  S  A
I  K  G  H  D  V  J  A  I  N  E  D  R  A  G
T  J  I  L  D  P  I  L  U  T  P  A  E  P  P
H  I  B  I  S  C  U  S  B  Z  R  N  Z  D  B
```

DANDELION	DAFFODIL
GARDENIA	ANGGREK
MELATI	POPPY
LILY	PASSIONFLOWER
HIBISCUS	PEONY
LAVENDER	KELOPAK
LILAC	PLUMERIA
MAGNOLIA	MAWAR
DAISY	SEMANGGI
BUKET	TULIP

49 - Filantropia

```
M E N Y U M B A N G K A N G O
A A S F L Y D C K G S V A L F
R S F E K O P M O L E K R O E
G K X S J S N H N E U U U B M
O V G Z Z A B T T C Z R J A E
R V Q Y A U R F A D N C U L M
P U E P L T T A K M Z H J J B
K E U A N G A N H U I B E V U
P L U I G J M K K M L S K P T
S A T I N U M O K U X N I S U
A O A U U A N A M A L J P A H
N Y Y I J M J P K F A Q B L K
H V K J N U F U A D U M E P A
T G A Y M N A G N A T N A T N
B M R R X E A N A D K P S U V
```

ANAK
MEMBUTUHKAN
AMAL
KOMUNITAS
KONTAK
MENYUMBANGKAN
KEUANGAN
DANA
PEMUDA
GLOBAL

KELOMPOK
MISI
TUJUAN
KEJUJURAN
RAKYAT
PROGRAM
UMUM
TANTANGAN
SEJARAH

50 - Ecologia

```
W D E K U L W H X J Y D W C V
N A A D E B R E P I X A O B E
Z L T B M K L R W X T F E E G
M S D I R F E G U N U N G R E
H A B I T A T R Z D R U V K T
E T A S E K G F I T Y P I E A
B I P A L F Q R M N H S X L S
L N M I L K I F A Z G W J A I
C U X R A A R O L F F A E N J
J M N A B W M F A U N A N J I
E O B V O A Y A D R E B M U S
N K I U L R C T L I C C Z T Y
I I O B G W N A W A L E R A X
S T A N A M A N V E U J C N V
L J Q R H I W Y E X L T P X A
```

IKLIM
KOMUNITAS
PERBEDAAN
FAUNA
FLORA
GLOBAL
HABITAT
LAUT
GUNUNG
ALAM

ALAMI
RAWA
TANAMAN
SUMBER DAYA
KEKERINGAN
BERKELANJUTAN
JENIS
VARIASI
VEGETASI
RELAWAN

51 - Discipline Scientifiche

```
M  I  L  A  R  K  E  O  L  O  G  I  U  R  T
E  M  O  I  G  O  L  O  R  O  E  T  E  M  E
K  O  O  G  N  F  Y  A  D  U  X  H  Z  F  R
A  N  C  O  B  G  I  N  A  T  O  B  R  R  M
N  O  I  L  I  I  U  S  B  A  F  I  T  A  O
I  R  G  O  O  Z  B  I  I  L  H  G  B  I  D
K  T  O  I  K  G  L  G  S  O  W  O  D  G  I
A  S  L  B  I  D  G  O  Z  T  L  L  H  O  N
I  A  O  N  M  G  R  L  O  B  I  O  P  L  A
M  X  N  T  I  E  G  O  O  H  W  K  G  O  M
I  O  U  A  A  F  H  R  L  T  B  I  J  I  I
K  T  M  L  T  L  W  U  O  Z  Y  S  Q  S  K
T  I  I  C  U  O  V  E  G  L  I  P  Z  O  A
N  T  W  K  A  U  M  N  I  S  K  H  H  S  U
E  K  O  L  O  G  I  I  G  E  O  L  O  G  I
```

ANATOMI
ARKEOLOGI
ASTRONOMI
BIOKIMIA
BIOLOGI
BOTANI
KIMIA
EKOLOGI
FISIOLOGI
GEOLOGI

IMUNOLOGI
LINGUISTIK
MEKANIKA
METEOROLOGI
NEUROLOGI
PSIKOLOGI
SOSIOLOGI
TERMODINAMIKA
ZOOLOGI

52 - Scienza

```
P  G  H  B  A  H  A  N  K  I  M  I  A  B  P
A  K  O  R  G  A  N  I  S  M  E  A  Y  A  E
R  K  N  V  L  A  R  E  N  I  M  K  I  T  R
T  L  B  S  I  S  E  T  O  P  I  H  L  O  C
I  U  X  T  I  B  S  T  B  A  L  M  A  M  O
K  K  H  O  B  F  J  Z  S  H  K  B  B  G  B
E  E  V  O  L  U  S  I  E  L  I  S  O  F  A
L  L  D  W  W  F  L  S  R  Y  N  I  R  U  A
Y  O  W  O  I  P  P  A  V  B  J  W  A  Y  N
M  M  O  U  T  C  M  T  A  T  A  D  T  K  F
E  F  H  K  Y  E  B  I  S  C  S  R  O  Q  C
F  I  S  I  K  A  M  V  I  V  G  D  R  V  F
X  Q  G  V  W  Q  P  A  T  K  A  F  I  S  A
Y  L  R  D  X  I  U  R  L  D  A  S  U  I  F
T  Z  M  H  Q  Y  N  G  N  A  W  U  M  L  I
```

ATOM	HIPOTESIS
BAHAN KIMIA	LABORATORIUM
IKLIM	METODE
DATA	MINERAL
PERCOBAAN	MOLEKUL
EVOLUSI	ALAM
FAKTA	ORGANISME
FISIKA	OBSERVASI
FOSIL	PARTIKEL
GRAVITASI	ILMUWAN

53 - Boxe

```
M S U K O F P C L E W A S I P
P E A M F Z G O G W A B I U D
E D N R S C O J I R S I K K G
M D A E U P C U J N I T U P B
U D T I N N U R T B T A P E C
L L A L A D G K G T J O Z I A
I O U E I L A T U D S Z K M
H W K L L V L N A W A L K O M
A N E A H T U K G N A U J E P
N I K H A Z K Q I Q G G C Z G
R K S Y E T U B U H Z A I S Z
L X K H K T C X G N V D N T D
S F E K A C M R Z H S O Q N U
C F P W W J J F T B G K B T B
O O V Q S Z U L O N C E N G I
```

KEAHLIAN
SUDUT
WASIT
LAWAN
MENENDANG
LONCENG
PEJUANG
TALI
TUBUH
LELAH

KEKUATAN
FOKUS
SIKU
SARUNG TANGAN
DAGU
TINJU
POIN
CEPAT
PEMULIHAN

54 - Imbarcazioni

```
P D G K Y S D Q L Q F B P P T
O E N Y P U M O M B A K A E I
E L R M A R I T I M L P L L A
P O N A K N H H D T T S P A N
W A X G H T I K A R M G R U G
M K S M T U I A G N U S G T K
J F A A R A L W R S C R N H A
Z E H Y N L A A D A N A U C P
K R O E A G T K Y Z R S P A A
T I N R U K C T U A D J M Y L
S E Z X B M E S I N R W A T A
O N V J A N G K A R V Y L R T
I Y C A N Z M T J S V A E A L
A A Q H X X Y L Y T I H P E P
E B A H A R I M A M W G E G D
```

TIANG KAPAL	LAUT
JANGKAR	PASANG
PERAHU LAYAR	PELAUT
PELAMPUNG	MARITIM
KANO	MESIN
TALI	BAHARI
AWAK	OMBAK
SUNGAI	FERI
KAYAK	YACHT
DANAU	RAKIT

55 - Chimica

```
X  R  B  E  N  I  L  A  K  L  A  X  P  H  F
L  U  K  E  L  O  M  H  T  M  O  O  D  I  H
A  O  J  C  A  E  B  E  R  A  T  K  K  D  N
C  G  M  H  M  T  K  N  T  R  C  S  L  R  Y
N  U  K  L  I  R  I  T  C  A  A  I  O  O  D
B  K  W  J  Z  C  N  K  R  G  I  G  R  G  E
I  O  N  G  N  M  A  S  A  O  R  E  I  E  U
R  Y  G  H  E  U  G  L  U  T  N  N  N  N  R
T  D  A  K  F  O  R  O  U  O  A  X  L  G  R
Z  D  S  T  R  I  O  T  D  T  K  L  D  N  N
B  N  Q  A  K  A  R  B  O  N  O  S  I  F  H
S  U  H  U  N  F  F  I  A  A  T  O  M  S  J
A  T  R  T  X  A  M  W  Y  D  X  H  F  G  N
R  J  Y  J  E  C  P  J  L  V  G  Y  Y  B  M
K  L  Z  H  D  U  E  A  U  Z  I  O  Q  J  J
```

ASAM	HIDROGEN
ALKALINE	ION
ATOM	CAIR
PANAS	MOLEKUL
KARBON	NUKLIR
KATALIS	ORGANIK
KLORIN	OKSIGEN
ELEKTRON	BERAT
ENZIM	GARAM
GAS	SUHU

56 - Api

```
S H T A B H W M G U Z Z C W G
E A M M U S E R A N G G A V C
R B A O N U P S D P S M H I D
B I K J G O S A Y A N G V R C
U T A Q A E C X S Y U B U A H
K A N I L I L S O A B O R H H
S T A S S A P A P S E T Q A V
A W N A X N H R Y A K Z E T W
R R V T G A T A N A M A N A I
I T I H N N R A T U M J M M L
H B F H B A A N V J V E X B W
P D V M M W X R G Q G P K Y X
E T K T A A F N A M R E B A Q
S N X B E K O S I S T E M L R
P E R B E D A A N R M R C A W
```

SAYAP
SARANG
BERMANFAAT
LILIN
MAKANAN
PERBEDAAN
EKOSISTEM
BUNGA
MEKAR
BUAH

ASAP
KEBUN
HABITAT
SERANGGA
SAYANG
TANAMAN
SERBUK SARI
RATU
KAWANAN
MATAHARI

57 - Conservazione

```
B E R K E L A N J U T A N N N
I M F E I L I N G K U N G A N N
K T B S W N A T A H E S E K A A
L T A T I B A H K Z U T A I H
I C W D K K I G S H U H X D A
M A N A W A L E R A K U S I B
J A M U I B T U H O J M D D U
X D N R I A S P S A O E U N R
R I N U S H K Q S T S T F E E
C S E L U L W G R Y H S V P P
O I M A L A P Z E P J I R C B
W T H N O F Z Q D P B S J F M
Q S B G P K Z G K G P O H A X
P E R H A T I A N U R K R J U
K P U I G N A R U G N E M F X
```

AIR
LINGKUNGAN
PERUBAHAN
SIKLUS
IKLIM
EKOSISTEM
PENDIDIKAN
HABITAT
POLUSI
ALAMI

ORGANIK
PESTISIDA
PERHATIAN
DAUR ULANG
MENGURANGI
KESEHATAN
BERKELANJUTAN
HIJAU
SUKARELAWAN

58 - Strumenti Musicali

```
U  O  I  I  F  X  B  D  U  K  S  P  S  A  H
M  A  R  I  M  B  A  A  M  A  E  I  V  P  A
T  P  R  T  W  H  L  R  S  Q  L  A  Y  E  R
R  R  S  E  K  M  F  T  S  S  O  N  K  R  M
O  A  E  P  B  L  X  U  Y  X  O  O  Z  K  O
M  H  R  M  I  A  A  L  O  I  B  O  G  U  N
B  M  U  O  M  I  N  R  J  K  O  N  N  S  I
O  A  L  R  U  S  L  A  I  F  I  L  O  I  K
N  N  I  E  Q  V  T  M  N  D  J  G  Q  A
K  D  N  T  A  U  Z  I  I  A  E  D  L  Q  T
O  O  G  G  K  H  M  G  K  O  I  T  J  T  J
K  L  R  S  A  K  S  O  F  O  N  Z  S  F  H
Z  I  Q  T  O  T  D  R  U  M  B  A  N  J  O
K  N  D  Q  Z  B  J  X  R  S  F  H  I  W  P
T  K  H  T  N  V  N  E  G  X  J  Z  B  E  G
```

HARMONIKA	OBO
HARPA	PERKUSI
BANJO	PIANO
GITAR	SAKSOFON
KLARINET	REBANA
BASSOON	DRUM
SERULING	TEROMPET
GONG	TROMBON
MANDOLIN	BIOLA
MARIMBA	SELO

59 - Professioni #2

```
W Z O O L O G I A Q G J T U I
A A I C D C O N H B N H Z G L
A S R E T K O D L D F R J J U
H T T T L S A S I K U L E P S
L U D R A D M K B Y S R C D T
I K O K O W W Y I Q L A U B R
B A K C V N A W O D I P I G A
A N T K I T O N L L F C N P T
H G E B Y Z H T O L I P S E O
A K R S W A T V G X O N I N R
S E G L Z B P A I X V D N Y J
A B I T I L E N E P U N Y I K
J U G P E N E M U C X H U D V
R N I A H L I B E D A H R I J
I N P U S T A K A W A N U K F
```

ASTRONOT
PUSTAKAWAN
AHLI BIOLOGI
AHLI BEDAH
DOKTER GIGI
FILSUF
TUKANG KEBUN
WARTAWAN
ILUSTRATOR
INSINYUR

GURU
PENEMU
PENYIDIK
AHLI BAHASA
DOKTER
PILOT
PELUKIS
PENELITI
ZOOLOGI

60 - Letteratura

```
B  D  N  K  J  R  J  E  V  Y  P  Y  A  A  P
T  I  E  P  E  N  D  A  P  A  T  V  N  N  U
R  U  O  S  M  O  N  Y  C  H  A  Y  E  A  I
A  Q  O  G  K  J  O  A  P  L  X  G  K  L  S
G  L  I  I  R  R  X  G  O  E  U  R  D  O  I
E  I  O  Y  M  A  I  U  D  V  N  X  O  G  W
D  O  F  A  Y  M  F  P  A  O  B  U  T  I  R
I  Z  Z  I  N  E  S  I  S  N  E  C  L  U  D
A  R  O  F  A  T  E  M  M  I  J  K  Y  I  P
K  K  E  S  I  M  P  U  L  A  N  Y  B  C  S
F  A  N  A  L  I  S  I  S  M  R  J  W  K  I
H  G  E  N  R  E  Z  K  K  A  J  A  S  W  T
D  I  A  L  O  G  S  K  J  R  Q  X  D  V  I
N  P  Y  N  N  A  D  V  X  I  X  K  Z  I  U
P  E  R  B  A  N  D  I  N  G  A  N  U  F  P
```

ANALISIS
ANALOGI
ANEKDOT
PENULIS
BIOGRAFI
KESIMPULAN
PERBANDINGAN
DESKRIPSI
DIALOG
GENRE

METAFORA
PENDAPAT
PUISI
PUITIS
SAJAK
IRAMA
NOVEL
GAYA
TEMA
TRAGEDI

61 - Cibo #2

```
O N G P N A K R S C N V T T B
M P D I L W N R T F J O O E Q
W E T Q D J A G B X H W T L G
U B R G Y L K M G N C Z E U Z
H M U I G I I J U U I T R R X
A A H D H T B G I J R O O K M
G D G A I A U I Q E E M N N Q
M U O M M L E P A K C A G T Y
Y N Y C G K O X Q M H T M B O
X X A U N O W K J A M U R J R
Q X X F A C U X O Q G V L F O
W V T J S E L E D R I S A N T
C J I S I W I K H H B L U T I
R Z O H P G A N D U M A Y A W
H I P R G N H M N C Y E Y Z M
```

PISANG	ROTI
BROKOLI	IKAN
CERI	AYAM
COKLAT	TOMAT
KEJU	HAM
JAMUR	NASI
GANDUM	SELEDRI
KIWI	TELUR
APEL	ANGGUR
TERONG	YOGHURT

62 - Nutrizione

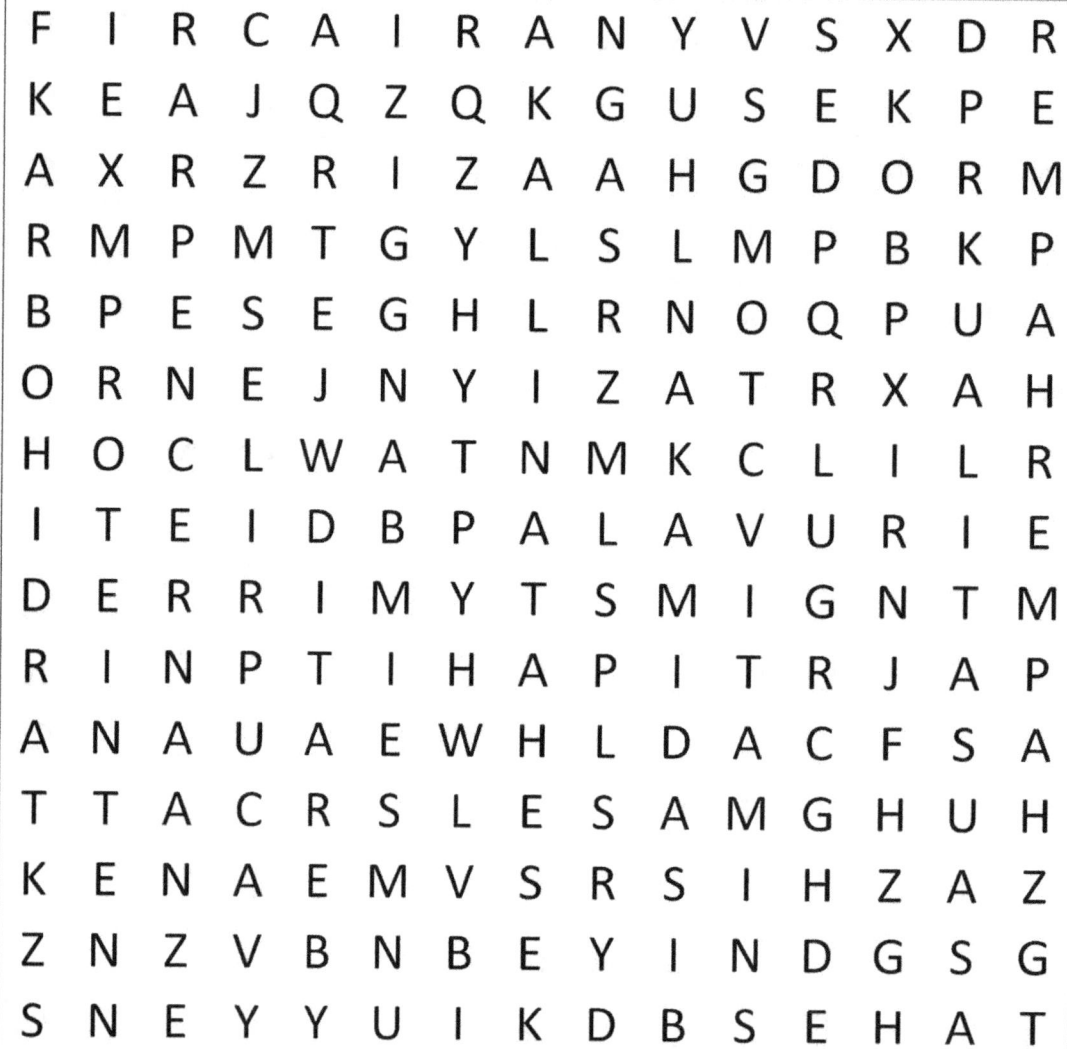

F	I	R	C	A	I	R	A	N	Y	V	S	X	D	R
K	E	A	J	Q	Z	Q	K	G	U	S	E	K	P	E
A	X	R	Z	R	I	Z	A	A	H	G	D	O	R	M
R	M	P	M	T	G	Y	L	S	L	M	P	B	K	P
B	P	E	S	E	G	H	L	R	N	O	Q	P	U	A
O	R	N	E	J	N	Y	I	Z	A	T	R	X	A	H
H	O	C	L	W	A	T	N	M	K	C	L	I	L	R
I	T	E	I	D	B	P	A	L	A	V	U	R	I	E
D	E	R	R	I	M	Y	T	S	M	I	G	N	T	M
R	I	N	P	T	I	H	A	P	I	T	R	J	A	P
A	N	A	U	A	E	W	H	L	D	A	C	F	S	A
T	T	A	C	R	S	L	E	S	A	M	G	H	U	H
K	E	N	A	E	M	V	S	R	I	H	Z	A	Z
Z	N	Z	V	B	N	B	E	Y	I	N	D	G	S	G
S	N	E	Y	Y	U	I	K	D	B	S	E	H	A	T

PAHIT
SEIMBANG
KALORI
KARBOHIDRAT
BISA DIMAKAN
DIET
PENCERNAAN
FERMENTASI
CAIRAN
GIZI

BERAT
PROTEIN
KUALITAS
SAUS
KESEHATAN
SEHAT
REMPAH-REMPAH
RACUN
VITAMIN

63 - Matematica

```
H D N V R P D J M P P S D I P
I T T R A O E U S E E F D R A
S A Z L D L S M K R R J S A R
K U A N I I I L I S I V I D A
A S D G U G M A W A M V R P L
R A H U S O A H I M E O T E L
F I W M T N L N R A T L E R E
G E O M E T R I E A E U M S L
X V I X G F B R T N R M I E O
S E G I T I G A E P O E S G G
H I T U N G P K M X J P N I R
P Q J W T A K G A X U Y S U A
Y A X W P D J N I X Q B W K M
P A R A L E L I D O L N A G E
X R V W K J A L D E N T J I K
```

SUDUT	PARALEL
HITUNG	PARALLELOGRAM
LINGKAR	PERIMETER
DESIMAL	POLIGON
DIAMETER	PERSEGI
DIVISI	RADIUS
PERSAMAAN	SIMETRI
EKSPONEN	JUMLAH
FRAKSI	SEGITIGA
GEOMETRI	VOLUME

64 - Meditazione

```
P E N E R I M A A N G K M G O
N A I A M A D R E P F E T T B
K A S I H S A Y A N G B N V S
B H I U N M U S I K N A I I E
M E N T A L B L O A V I X Y R
B Y A N A S A L E J E K Y I V
T R I A I H K X G N Z A I S A
F T Y O G Z R F S I G N H O S
U O N I A J X E S Y A L A M I
C Q U M H F I W P D E G A E B
H U S K A P I K I R A N J P S
V C E Z B S I K A P S A A E K
Z W K K E S Y U K U R N R Z K
B F I T K E P S R E P E A V Q
G E R A K A N K L U J T N Y C
```

PENERIMAAN
PERHATIAN
TENANG
KEJELASAN
KASIH SAYANG
EMOSI
KEBAHAGIAAN
KEBAIKAN
SYUKUR
AJARAN

MENTAL
PIKIRAN
GERAKAN
MUSIK
ALAM
OBSERVASI
PERDAMAIAN
SIKAP
PERSPEKTIF
KESUNYIAN

65 - Antiquariato

```
P  H  K  K  P  F  K  N  X  D  M  K  F  U  Z
A  G  R  A  H  P  G  F  O  E  E  U  T  A  T
T  Y  X  U  Y  P  S  H  Z  K  B  A  I  Z  G
U  M  A  T  K  N  M  O  C  A  E  L  S  Y  A
N  E  X  G  K  P  B  I  W  D  L  I  N  E  S
G  I  D  I  R  E  L  A  G  E  L  T  A  N  A
K  O  I  N  S  L  I  L  S  A  E  A  G  G  I
D  E  K  O  R  A  T  I  F  J  L  S  E  E  B
A  C  Z  X  Z  B  R  N  C  P  A  G  L  E  K
B  C  I  S  I  D  N  O  K  V  N  Q  E  L  A
A  T  W  P  P  K  T  V  T  D  G  P  T  Q  D
O  E  W  V  P  M  I  F  C  S  Q  K  C  G  I
J  V  X  W  E  A  O  D  G  D  E  Y  S  B  T
K  H  P  N  U  Q  F  A  A  I  P  R  I  K  V
I  R  L  F  K  I  N  V  E  S  T  A  S  I  H
```

SENI
LELANG
ASLI
KONDISI
DEKADE
DEKORATIF
ELEGAN
GALERI
TIDAK BIASA
INVESTASI

MEBEL
KOIN
HARGA
KUALITAS
RESTORASI
PATUNG
ABAD
GAYA
NILAI
TUA

66 - Escursionismo

```
S W Y N E R H V D Q Z J L O C
M E K X A I R L I A R W E J T
G W P P E R S I A P A N L W Z
Z K M A S Y O H K P X N A B B
B N W Y T K B F R A J U H C U
P E P A I U J F C N I K L I M
A M R H S K B J T D T A M A N
L A P A A B G O S U X K B N S
A T U B T I E U T A B N T P O
M A N J N G F G N I P M A C
O H C F E A K D X T E B I N G
N A A Q I T N M J V P O Q F T
R R K B R A B W Q P B E P N L
P I C T O N G U N U N G T G C
J T Q H Z G X V S J F R Y A L
```

AIR

BINATANG

CAMPING

IKLIM

PANDUAN

PETA

GUNUNG

ALAM

ORIENTASI

TAMAN

BAHAYA

BERAT

BATU

PERSIAPAN

TEBING

LIAR

MATAHARI

LELAH

SEPATU BOT

PUNCAK

67 - Professioni #1

```
K  F  B  O  L  U  I  P  D  L  Q  E  X  C  K
Z  A  W  C  J  C  R  E  T  N  U  H  J  B  A
D  M  U  S  I  S  I  R  I  K  N  A  B  M  R
A  U  U  Q  W  E  N  A  W  U  M  L  I  O  T
R  H  T  F  O  B  T  W  Q  L  Y  S  J  N  O
A  Q  L  A  I  S  T  A  O  B  T  W  K  O  G
C  B  L  I  B  H  I  T  A  L  E  P  B  R  R
A  H  C  P  G  E  K  N  C  C  M  S  W  T  A
G  G  E  Z  H  E  S  P  A  A  R  T  I  S  F
N  X  Y  B  Z  F  O  A  C  I  H  O  O  A  E
E  P  E  N  A  R  I  L  R  D  P  D  Y  R  R
P  S  I  K  O  L  O  G  O  Q  I  U  R  K  C
P  E  R  H  I  A  S  A  N  G  N  Y  E  E  J
A  P  O  T  E  K  E  R  O  T  I  D  E  Y  F
T  U  K  A  N  G  L  E  D  E  N  G  N  H  P
```

PELATIH	APOTEKER
DUTA BESAR	AHLI GEOLOGI
ARTIS	PERHIASAN
ASTRONOM	TUKANG LEDENG
PENGACARA	PERAWAT
PENARI	MUSISI
BANKIR	PIANIS
HUNTER	PSIKOLOG
KARTOGRAFER	ILMUWAN
EDITOR	

68 - Antartide

```
G  P  E  N  E  L  I  T  I  D  T  X  E  S  W
P  E  G  L  E  T  S  E  R  I  Y  E  S  H  I
J  A  O  E  K  S  P  E  D  I  S  I  L  P  E
B  N  A  G  N  U  K  G  N  I  L  J  A  U  Z
P  A  U  S  R  A  G  O  S  G  Z  M  R  A  K
E  W  F  V  J  A  I  C  U  P  S  J  E  L  H
P  H  D  L  A  L  F  L  H  N  U  W  N  U  Z
N  Z  F  H  D  Z  E  I  U  Y  X  E  I  P  V
K  O  N  S  E  R  V  A  S  I  I  Z  M  X  H
Q  M  K  A  N  Z  M  R  M  I  G  R  A  S  I
L  I  W  L  W  I  T  O  P  O  G  R  A  F  I
X  F  T  K  S  A  S  G  H  B  W  R  W  A  M
E  W  N  B  E  N  U  A  R  O  C  K  Y  I  B
S  E  M  E  N  A  N  J  U  N  G  V  I  R  J
T  L  G  O  N  I  L  M  I  A  H  P  S  T  R
```

AIR	MIGRASI
LINGKUNGAN	MINERAL
TELUK	AWAN
PAUS	SEMENANJUNG
KONSERVASI	PENELITI
BENUA	ROCKY
GEOGRAFI	ILMIAH
GLETSER	EKSPEDISI
ES	SUHU
PULAU	TOPOGRAFI

69 - Libri

```
D P E M B A C A R Z O O N P O
L I A Z S O R V I Q G Y O E W
K S T G O L V J K K C E V T I
W K I U L C Q U T H W A E U K
J E R Y L R Y X P A B G L A S
D L E B H I S I U P W J I L A
Q O C A W R S I G A R T N A S
V K D K Q E F L R M J D V N T
J R B U O S I L U N E P E G R
L U C U A N A V E L E R N A A
B A M J Y L T Y B B M D T N S
V A J Y U U I E M O F A I E B
N A R A T O R T K V E Q F P M
H A L A M A N N A S A B Q I Q
E Y R A S I R O T S I H N K B
```

PENULIS   HALAMAN
PETUALANGAN   PUISI
KOLEKSI   RELEVAN
KONTEKS   NOVEL
DUALITAS   DITULIS
EPIK   SERI
INVENTIF   CERITA
SASTRA   HISTORIS
PEMBACA   TRAGIS
NARATOR   LUCU

70 - Geografia

```
I  S  L  G  N  U  V  N  G  R  N  E  W  X  K
G  X  X  N  U  Q  T  L  A  U  T  L  I  V  E
W  A  N  Q  Z  N  A  V  T  J  A  E  L  P  T
K  R  R  B  T  V  U  M  O  U  R  V  A  I  I
S  A  H  I  P  U  I  N  K  B  A  A  Y  M  N
C  T  M  F  S  Y  T  T  G  S  B  S  A  U  G
D  U  N  I  A  L  A  P  S  I  F  I  H  B  G
V  H  Q  A  N  A  I  D  I  R  E  M  W  N  I
N  E  G  A  R  A  J  N  T  A  P  E  T  A  A
A  G  S  U  N  G  A  I  T  G  Y  W  X  H  N
T  X  X  A  W  H  B  Y  J  A  X  K  S  A  O
A  L  G  L  Y  I  H  E  G  P  N  Y  C  L  Q
L  R  Y  U  R  I  G  U  N  K  C  G  O  E  I
E  C  J  P  A  T  L  A  S  U  F  I  M  B  P
S  Z  S  M  B  A  C  X  Q  J  A  C  I  W  C
```

KETINGGIAN	PETA
ATLAS	LAUT
KOTA	MERIDIAN
BENUA	DUNIA
ELEVASI	GUNUNG
BELAHAN BUMI	UTARA
SUNGAI	BARAT
PULAU	NEGARA
GARIS LINTANG	SELATAN
GARIS BUJUR	WILAYAH

71 - Cibo #1

```
K T J W H B L B N A N X M E M
U S U S W Q H L D B C R X Y B
E W O I R E B O R T S E W P W
T A E N K H T J E M L M D R R
H B G A E Y X J T Y A B A Y H
I J T M M A R A G T H Q I R L
T E D U A N S U J C X H Z E S
U G V Y N U C A D A G I N G N
P X J A G T M I L E T R O W B
G L T K I O G M W A Z R D B A
N O X U A A U U I E D P H O W
A B V G L Z L A L N O M E L A
W A I Y E P A F P L T H H N N
A K Z E J H A Z X I B V S L G
B A Y A M S U P M G R H S X W
```

BAWANG PUTIH
KEMANGI
KAYU MANIS
DAGING
WORTEL
BAWANG
STROBERI
SALAD
SUSU
LEMON

MINT
JELAI
PIR
LOBAK
GARAM
BAYAM
JUS
TUNA
KUE
GULA

72 - Aeroplani

```
S K E T I N G G I A N A R A H
E S V A C I D V S B A U P R J
J U H H Z Q I S A A G D E Y I
A A T I G N A L G L N A N V K
R S X V D I P L I O A R D Z T
A A J V J R B E V N L A A E I
H N O P Z S O G A I A Q R K N
Z A L M E A C G N N U U A E G
M E S I N N G B E C T O T T G
P I L O T U U H G N E U A U I
Q J F A T J C M F Q P P N R U
A T D X O O K D P A W A K U N
R Z X Q Z F M C C A E Q W N A
D Y M R N R A K A B N A H A B
K O N S T R U K S I K G E N B
```

TINGGI   KETURUNAN
KETINGGIAN   AWAK
UDARA   HIDROGEN
SUASANA   MESIN
PENDARATAN   NAVIGASI
PETUALANGAN   BALON
BAHAN BAKAR   PENUMPANG
LANGIT   PILOT
KONSTRUKSI   SEJARAH
ARAH

73 - Governo

```
B P K W K P D B H L W D N K B
A O U B E E X B R A G N E J H
N L N S M M I R X Q K A X O B
G I A I E I S I M B O L Z T M
S T A P R M U K E A D I L A N
A I R I D P T D B Q R D F D E
U K A L E I I E Z K C A Y I N
N F T R K N T M P Y A R G P M
E A E I A Q S O Z T T E O E K
M M S U A C N K H R X P O Y N
U M E I N I O R Q E M M Z G N
N Q K H O H K A X B Y U R O F
O I L Q V N U S D I S K U S I
M V D X V E A I A L S U C P R
D I S T R I K L Z U A H C X L
```

PEMIMPIN
SIPIL
KONSTITUSI
DEMOKRASI
HAK
PIDATO
DISKUSI
PERADILAN
KEADILAN
KEMERDEKAAN

HUKUM
LIBERTY
MONUMEN
NASIONAL
BANGSA
POLITIK
DISTRIK
SIMBOL
NEGARA
KESETARAAN

74 - Bellezza

```
F O T O G E N I K R K D L X Q
X U Z Y S B Y R D N A G E L E
G N Q X P N T S I L Y T S E O
R J C E N V C J D V N G I P Q
R A M O R A W A N G I J A S A
G D H D B E P C E R M I N B M
W E C M O L M V K F U U R L A
Z P O P A E J U I Y N M A I S
P Q A V F T O I T W W G W P K
X R K I O I Q P E S O N A S A
T V O U Z L S U M R Q I I T R
P V B D Z U N X S A S T K I A
I Q N C U K O K O K S N A K U
W C B U Z K G V K H R U L D Y
K E A N G G U N A N S G B O H
```

WARNA
KOSMETIK
ELEGAN
KEANGGUNAN
PESONA
GUNTING
FOTOGENIK
WANGI
RAHMAT
MASKARA

MINYAK
KULIT
PRODUK
AROMA
IKAL
LIPSTIK
JASA
SAMPO
CERMIN
STYLIST

75 - Avventura

```
O N H A P K E C A N T I K A N
K A I E E A K T I V I T A S T
U N A A R I B M E G E K Q D I
Z A T T S T T E M A N K E D
Z M O W I A Y A H A B R E B A
K A I Q A N A J A R E B E K
T E N M P K L X H T U X H M B
U K S G A X K F J A A I R D I
J I A U N P E S I A R N D H A
U L K R L I P A D I S B G M S
A W Y A R I S A G I V A N A A
N B P B T R T M D H P U N I N
K G B G H G N A U L E P M A A
J A D W A L W L N R H G U Y M
U I R K E M S A I S U T N A Y
```

TEMAN
AKTIVITAS
KECANTIKAN
KEBERANIAN
TUJUAN
KESULITAN
ANTUSIASME
PESIAR
KEGEMBIRAAN
TIDAK BIASA

JADWAL
ALAM
NAVIGASI
BARU
PELUANG
BERBAHAYA
PERSIAPAN
TANTANGAN
KEAMANAN

76 - Forme

```
S T O S I F P S S Q J H Q L W
I E L I P S O S B U R Y G I V
L H R G O N L U U O H Y F N S
I O S E M U I D G L L J N G E
N U K S T L G U C R A A L K G
D E L R B X O T V C V V S A I
E J I E H C N S A B O R I R T
R K E P A E O J T L N U S A I
G X A Q N P T Q G B U K I N G
A E A L O B R E P I H B O O A
J V K U B U S I R A G Y V G E
A D I M A R I P S N M U I Q T
A N T U C U R E K M C R W Y J
X M C R H H U T K M A I U H Y
E Y J C S M N K F T Y D T D P
```

SUDUT	SISI
ARC	GARIS
TEPI	OVAL
LINGKARAN	PIRAMIDA
SILINDER	POLIGON
KERUCUT	PRISMA
KUBUS	PERSEGI
KURVA	BULAT
ELIPS	BOLA
HIPERBOLA	SEGITIGA

77 - Oceano

```
T  O  K  G  Q  W  W  F  L  S  X  L  D  L  F
I  O  E  O  A  G  L  A  U  K  P  Q  I  H  B
R  M  P  Q  T  R  Y  Y  M  A  M  O  R  H  E
A  B  I  V  I  U  A  R  B  R  U  Z  N  W  L
M  A  T  Q  R  B  C  M  A  A  C  C  Z  S  U
K  K  I  X  U  U  U  J  L  N  A  M  W  Z  T
U  A  N  W  G  R  B  V  U  G  B  A  D  A  I
R  V  G  A  N  U  C  L  M  T  U  N  A  R  R
Q  J  D  W  A  B  S  M  B  P  T  X  O  O  E
H  D  H  Z  D  U  P  U  A  H  H  Q  A  F  R
S  T  E  R  U  M  B  U  H  A  R  E  P  O  H
U  U  M  I  Y  U  W  F  U  O  Z  D  B  T  F
I  K  A  N  N  M  O  X  Y  Y  Y  M  E  Q  P
H  Y  G  P  E  F  H  K  D  B  Q  Y  G  I  U
X  V  R  T  P  K  I  L  D  A  T  F  U  M  D
```

ALGA	TIRAM
BELUT	IKAN
PAUS	GURITA
PERAHU	GARAM
KARANG	TERUMBU
LUMBA-LUMBA	SPONS
UDANG	HIU
KEPITING	PENYU
UBUR-UBUR	BADAI
OMBAK	TUNA

78 - Creatività

```
E R A F R F G U G D Z L S K A
M M R Y K T L K E S A N E E E
O P T D B D Q U D W W A N A P
S K I Z S G V Z I S V K S S J
I F S O P Y K D S D V V A L I
J C T C O U S R G H I I S I N
I S I V N O A L M E B T I A T
E N K L T I N T U I S I A N E
G K V I A K E A H L I A N S N
A N S E N D R A M A T I S Z S
M A L P N K E J E L A S A N I
B A R Y R T S M P P H C A N T
A L Z G H E I O O Y P X B L A
R R V N S M S F V I W R G V S
R J Z I S A N I J A M I E N W
```

KEAHLIAN
ARTISTIK
KEASLIAN
KEJELASAN
DRAMATIS
EMOSI
EKSPRESI
FLUIDITAS
IDE

IMAJINASI
GAMBAR
KESAN
INTENSITAS
INTUISI
INVENTIF
SENSASI
SPONTAN
VISI

79 - Veicoli

```
A E J K N K B G T I M Q M U R
T M Z F Y C J H X R E T U K S
E G B O O A D Q U H A R E P K
R M S U P E S A W A T K T U W
E Q G U L R O K E T G R T F D
K D V J H A E L T T U H S O I
S E P E D A N I A L A J I S R
E D A Y L R L S K I R E F Z A
T R U K J I R I S B A N K Q V
N G H K V M P B I O R I A H O
K A P A L S E L A M A S F Z D
I B U W Y G W K O C K E I U T
C Q I Q U R V O N K I M L B R
O O N S E X W T P N T K A W U
H E L I K O P T E R B S H I L
```

PESAWAT
AMBULANS
MOBIL
BIS
PERAHU
SEPEDA
TRUK
KAFILAH
HELIKOPTER
MESIN

SHUTTLE
BAN
ROKET
SKUTER
KAPAL SELAM
TAKSI
FERI
TRAKTOR
KERETA
RAKIT

80 - Natura

```
U X L X D O X U P E N U K G S
J C U A I S O R E L L E B A H
M O P M N A T U H M I N J T D
O J B F A A K A U S A A O E H
H L P A M S W N S C T G R N X
D Y Q R I Z E A U I T N E A P
J A D K S I P O R T D U S N W
D M F T I T A E K U S P T G E
H E Q I N E F D P W U M E K N
V O D K U S O E R N N A L A O
I G I A R G R G J O G N G B Z
T O Z A U R S T C H A E Q U C
A G M D G N U N U G I P A T D
L C Z G I N A K I T N A C E K
C H I R Y N G N A T A N I B G
```

BINATANG
LEBAH
ARKTIK
KECANTIKAN
GURUN
DINAMIS
EROSI
SUNGAI
DEDAUNAN
HUTAN

GLETSER
GUNUNG
KABUT
AWAN
PENAMPUNGAN
SUAKA
LIAR
TENANG
TROPIS
VITAL

81 - Balletto

```
D U Y N V H P M H V G C U O F
T E W W F S Q P G A J A U E X
E K E T K A R P V Y D A Y F N
P S O M Z T N I M I R I C A U
U P R K U I A I R A M A R A G
K R K O T S H E A B R F I I G
T E E R E N I R A N E P K M N
A S S E K E T K I T S I T R A
N I T O N T A R S Q O H Q Q N
G F R G I N L F I W P N H F I
A J A R K I R H K T M E U L R
N B V A O T O T A Q O J V D E
I T R F F E W I P C K S P S L
T N A I L H A E K R P S D P A
Z E J B H A U W A E W I X T B
```

KEAHLIAN
TEPUK TANGAN
ARTISTIK
BALERINA
PENARI
KOMPOSER
KOREOGRAFI
EKSPRESIF
SIKAP
ANGGUN

INTENSITAS
OTOT
MUSIK
ORKESTRA
PRAKTEK
LATIHAN
HADIRIN
IRAMA
GAYA
TEKNIK

82 - Paesi #1

```
I E M A N T E I V L S B G B V
A O N I U D F M E O E R A B Y
U D A F Q Z R E N P N A B N X
D V E B T C X S E A E Z Z S W
N L Z F I Z R I Z N G I L A M
S P A N Y O L R U A A L X I F
P O L A N D I A E M L O F D I
O K P M I K R L A A C A N N
L E A R S I A U A Y B I L I L
V H S E D V S N M V B Q B J A
U F Q J Y H R Q A A T M U V N
N O R W E G I A P D N R Z L D
S Y Y M R K A Q H B A I F R I
R B B U D W R V I R A K A X A
K A M B O J A M A R O K O Z C
```

BRAZIL	MALI
KAMBOJA	MAROKO
KANADA	NORWEGIA
MESIR	PANAMA
FINLANDIA	POLANDIA
JERMAN	RUMANIA
INDIA	SENEGAL
IRAK	SPANYOL
ISRAEL	VENEZUELA
LIBYA	VIETNAM

83 - Geometria

```
L S X S A X S X N P K T H W P
M O U W V Q I G A A A E O P E
S W G D R H M O A R L G R R R
D F J I U R E P K A K S I O S
N I P R K T T V U L U M S P A
O G M O M A R K M E L E O O M
N G Q E I C I S R L A D N R A
N N U T N E M G E S S I T S A
A I V X Z S E P P K I A A I N
B T U D E Z I C S J I N L C F
L I N G K A R A N U U D H W Z
D I A M E T E R O M O N C Z D
W X Z S E G I T I G A V S D M
H V E R T I K A L B G W K V C
L O E F Q K Y D Z D J U O O G
```

TINGGI
SUDUT
KALKULASI
LINGKARAN
KURVA
DIAMETER
DIMENSI
PERSAMAAN
LOGIKA
MEDIAN

NOMOR
HORISONTAL
PARALEL
PROPORSI
SEGMEN
SIMETRI
PERMUKAAN
TEORI
SEGITIGA
VERTIKAL

84 - Edifici

```
R R W Y E J X U H X L H L O U
E M U I R O T A R O B A L B N
E I U M M U S E U M T H Z S I
T F G N A A T U D E K E I E V
E S Z Z Y H X G H W I Y L R E
K A S T I L S N P J R S I V R
R R H N T U A O S B E O A S
A A M O F Q V D K N A K Q T I
M N P I S K A U S I P O S O T
R E Y D B T R G O B T L L R A
E M C A D N E T I A B A O I S
P K S T N J T L B K F H L U I
U X E S A P A R T E M E N M W
S T O E J A E B Y C G P W Y J
E Z V O B A T G Q L C Z K G O
```

KEDUTAAN
APARTEMEN
KABIN
KASTIL
BIOSKOP
PABRIK
GUDANG
HOTEL
LABORATORIUM
MUSEUM

RUMAH SAKIT
OBSERVATORIUM
HOSTEL
SEKOLAH
STADION
SUPERMARKET
TEATER
TENDA
MENARA
UNIVERSITAS

85 - Malattia

```
P T E R A P I N G H B D S B Q
G A Q O N R I T A P O R U E N
T P R A E A H U B U T W N W B
H E A U A L S K I T E N E G A
E R P N A U A A K I M F U A K
R A I P S N T L P Y U K R D T
E D N C B E I E Y A N M Y A E
D A G D N M N R S I N O R K R
I N G H J D U G T L K R X L I
T G A A A T M I T E F D E I L
E A N N M T I C N M Y N M P V
R N G S O B I N L A H I V E S
K E S E H A T A N H P S B R J
V X J L B M V L U N P T O U W
Q Y R X P E B J Y H U Q J T G
```

AKUT
PERUT
ALERGI
BAKTERI
MENULAR
TUBUH
KRONIS
HATI
LEMAH
HEREDITER

GENETIK
IMUNITAS
PERADANGAN
PINGGANG
NEUROPATI
PARU
PERNAPASAN
KESEHATAN
SINDROM
TERAPI

86 - Paesi #2

```
V H K J B G U X M P D W G O D
X I J R U D F M A D N A G U F
E N A T S I K A P H A T N A M
L A O S S U D A N K E N A K F
A N I D W M I E T H I O P I A
P U U R E D A N H S M W E A I
E Y T N E I N J D A A D J M D
N U G L O G H E S O I R W A N
W H D J P A I S U R N T P J A
U K R A I N A N R W A E I Y L
L I B E R I A Q I V B A S J R
E C J L E N B Y A V L P P I I
D E N M A R K C H J A C F L A
Z H T E G G F Y X J W X X C G
M E K S I K O X N A G P D A M
```

ALBANIA	LIBERIA
DENMARK	MEKSIKO
ETHIOPIA	NEPAL
JAMAIKA	NIGERIA
JEPANG	PAKISTAN
YUNANI	RUSIA
HAITI	SURIAH
INDONESIA	SUDAN
IRLANDIA	UKRAINA
LAOS	UGANDA

87 - Tipi di Capelli

```
H  R  K  A  R  E  P  S  N  J  P  V  D  K  C
I  Q  G  E  T  I  P  I  S  U  L  A  H  B  O
T  A  U  R  R  U  M  H  S  E  H  A  T  Z  K
U  N  N  Y  L  I  G  K  I  F  A  Q  D  X  E
P  E  N  D  E  K  N  N  T  G  Z  I  G  L
I  K  I  K  A  L  L  G  D  Q  A  T  K  V  A
B  E  R  J  W  A  I  N  G  W  Y  M  E  A  T
E  P  L  N  V  B  W  A  Q  E  M  S  P  B  N
R  A  P  U  K  E  I  R  H  R  N  V  A  U  J
W  N  A  L  B  T  U  I  B  V  W  Q  N  A  H
A  G  N  H  S  H  W  P  Y  O  W  B  G  B  A
R  V  J  L  E  M  B  U  T  W  T  P  U  U  Y
N  R  A  G  Q  J  V  O  T  Z  Y  A  E  L  T
A  P  N  G  E  Y  M  H  Z  G  B  C  K  O  Z
N  G  G  N  I  T  I  R  E  K  E  A  A  X  O
```

PERAK	PANJANG
KERING	COKELAT
PUTIH	LEMBUT
PIRANG	HITAM
PENDEK	KERITING
BOTAK	IKAL
BERWARNA	SEHAT
ABU-ABU	TIPIS
DIKEPANG	TEBAL
HALUS	KEPANG

88 - Vestiti

```
C O W B X E Q O S T T I A I Q
K I S C L E T N A M C H V K Y
E P I W A U N S A T T I R A U
M O D E Y Z S N A E J C H T R
E T F G S B F E O N R P K P K
L E R E T E W S K W D S M I M
E W K L P E W N W O W A F N Z
C D P A M A Y I P R V E L G S
D R L N P N J A Z J R I Y G E
O T E G P G A U N B O I D A P
Z Y B J A S B E Y A K O T N A
K A L U N G Z Y Z J L O Q G T
U A U D A V E B X U Q E G C U
S A R U N G T A N G A N C Z M
K U Y M U U Q T J W H X A F B
```

GAUN
GELANG
BLUS
BAJU
TOPI
MANTEL
IKAT PINGGANG
KALUNG
JAS
ROK

CELEMEK
SARUNG TANGAN
JEANS
SWETER
MODE
CELANA
PIYAMA
SANDAL
SEPATU
SYAL

89 - Attività e Tempo Libero

```
V  I  L  O  V  A  L  O  B  S  H  W  H  P  O
S  E  P  A  K  B  O  L  A  I  P  Y  O  O  T
Z  T  U  F  A  X  I  T  E  K  S  A  B  P  G
A  M  S  Y  S  G  F  C  C  C  K  B  I  G  O
L  U  K  I  S  A  N  O  X  M  S  P  O  K  L
H  U  S  S  N  T  C  A  M  P  I  N  G  L  F
T  I  N  J  U  O  M  E  N  C  S  H  N  M  B
B  E  P  E  R  G  I  A  N  E  M  I  I  E  E
B  E  R  S  E  L  A  N  C  A  R  K  C  N  L
B  E  R  K  E  B  U  N  S  T  C  I  N  Y  A
B  M  T  V  L  G  C  N  A  E  A  N  A  E  N
Q  H  K  R  C  G  X  I  N  N  R  G  M  L  J
D  C  L  N  N  Q  I  L  T  I  S  R  E  A  A
B  O  E  K  X  A  J  T  A  S  L  Y  M  M  H
Z  T  L  U  L  B  I  D  I  N  E  S  Y  P  M
```

SENI	MENYELAM
BISBOL	RENANG
BASKET	BOLA VOLI
TINJU	MEMANCING
SEPAK BOLA	LUKISAN
CAMPING	SANTAI
HIKING	BELANJA
BERKEBUN	BERSELANCAR
GOLF	TENIS
HOBI	BEPERGIAN

90 - Meteo

```
V  M  G  N  I  R  E  K  F  R  I  T  E  P  K
D  V  Q  O  D  A  N  R  O  T  K  E  M  R  B
U  I  A  R  S  W  D  K  M  K  J  N  S  I  B
W  T  X  D  U  A  V  A  H  M  T  A  W  L  M
M  O  J  Q  A  N  X  A  B  G  D  N  G  S  U
I  N  F  Z  S  A  G  Z  D  T  P  G  U  G  S
C  K  Z  T  A  G  L  A  N  G  I  T  N  U  I
N  H  K  X  N  N  X  T  P  Z  S  B  T  D  M
M  G  R  J  A  I  K  C  U  L  U  H  U  S  I
K  U  T  U  B  R  L  E  M  B  A  B  R  I  L
L  X  X  S  V  E  M  I  G  N  A  L  E  P  K
U  T  P  B  Q  K  F  L  H  I  J  K  S  O  I
L  W  B  N  Q  E  G  D  W  G  N  I  V  R  W
T  G  N  B  C  K  I  B  N  N  Z  T  G  T  S
P  R  W  H  Z  Y  J  D  C  A  Z  F  B  Q  F
```

PELANGI	AWAN
KERING	KUTUB
SUASANA	KEKERINGAN
TENANG	SUHU
LANGIT	BADAI
IKLIM	TORNADO
PETIR	TROPIS
ES	GUNTUR
MUSIM	LEMBAB
KABUT	ANGIN

91 - Corpo Umano

```
U  E  F  O  B  C  K  A  T  O  P  M  W  T  R
L  O  X  H  Q  X  A  T  U  L  U  M  A  E  A
D  Y  P  K  A  L  K  A  L  K  G  W  J  L  A
X  A  K  Y  T  T  I  N  U  U  A  I  A  I  W
N  X  H  J  A  H  I  G  T  L  D  T  H  N  A
L  D  F  I  M  S  I  A  U  I  L  E  K  G  E
G  V  L  R  G  B  C  N  T  T  H  H  G  A  N
D  A  R  A  H  P  F  O  Z  C  U  G  W  L  U
H  W  E  J  N  O  E  Y  U  O  M  K  M  A  Y
F  L  H  U  H  R  U  R  Z  G  G  B  H  P  F
P  I  E  M  N  M  D  U  U  T  Y  S  K  E  Z
I  K  L  H  P  K  L  C  K  T  S  N  Y  K  F
F  T  I  P  L  Y  X  R  I  A  A  S  A  H  B
C  E  H  I  D  U  N  G  S  E  E  V  X  R  H
B  A  H  U  Y  R  G  X  E  P  O  P  E  P  R
```

MULUT	TANGAN
OTAK	DAGU
LEHER	HIDUNG
HATI	MATA
JARI	TELINGA
WAJAH	KULIT
DAHI	DARAH
KAKI	BAHU
LUTUT	PERUT
SIKU	KEPALA

92 - Mammiferi

```
H  Q  S  Y  P  S  K  T  E  I  B  J  B  M  B
H  N  M  D  F  H  A  J  A  G  V  E  A  O  S
R  U  S  A  E  V  N  D  R  F  F  R  N  N  I
C  O  Y  O  T  E  G  I  U  W  A  A  T  Y  Y
A  N  J  I  N  G  U  F  C  K  L  P  E  E  Z
B  G  R  V  N  W  R  H  V  G  A  A  N  T  C
M  D  O  M  B  A  U  J  H  A  G  H  G  F  V
U  Y  P  C  K  K  I  M  J  J  I  P  L  I  W
L  S  K  F  G  N  G  S  N  I  R  T  A  E  X
A  G  S  B  Z  Q  W  B  R  A  E  U  B  U  P
B  E  R  U  A  N  G  Z  S  L  S  Z  B  H  S
M  I  R  W  Q  J  C  X  I  E  I  F  Y  A  I
U  K  E  L  I  N  C  I  N  Z  E  B  R  A  H
L  C  Y  P  A  F  D  C  G  N  I  C  U  K  H
Y  B  R  B  U  I  L  D  A  G  O  R  I  L  A
```

PAUS	JERAPAH
ANJING	GORILA
KANGURU	SINGA
KUDA	SERIGALA
RUSA	BERUANG
KELINCI	DOMBA
COYOTE	MONYET
LUMBA-LUMBA	BANTENG
GAJAH	RUBAH
KUCING	ZEBRA

93 - Arrampicata

```
T  H  I  K  I  N  G  O  R  Z  B  X  N  L  K
V  A  U  G  A  P  E  L  A  T  I  H  A  N  E
S  T  N  A  T  A  U  K  E  K  L  K  U  H  T
T  E  X  T  O  J  H  X  Y  B  H  Q  D  U  I
R  P  P  Z  A  R  E  D  E  C  A  U  N  L  N
U  V  N  A  G  N  A  T  G  N  U  R  A  S  G
S  M  C  D  T  Y  G  D  T  F  E  X  P  A  G
Z  E  P  D  L  U  L  A  P  I  D  G  F  V  I
H  F  M  L  B  O  B  I  N  S  W  F  S  Z  A
X  D  L  P  I  X  Y  O  G  I  W  I  C  Z  N
X  J  E  Z  I  J  D  L  T  K  X  W  C  C  A
H  N  H  W  J  T  X  E  U  L  I  L  Q  N  D
K  E  I  N  G  I  N  T  A  H  U  A  N  C  E
V  K  W  S  D  D  M  S  U  A  S  A  N  A  M
S  T  A  B  I  L  I  T  A  S  G  F  I  Q  V
```

KETINGGIAN
SUASANA
HELM
KEINGINTAHUAN
HIKING
AHLI
FISIK
PELATIHAN
KEKUATAN
GUA

SARUNG TANGAN
PANDUAN
CEDERA
PETA
TANTANGAN
STABILITAS
SEPATU BOT
SEMPIT
MEDAN

94 - Universo

```
Q T S F I S K A L A G K N S K
G Z D D I O R E T S A Y R U O
S U A S A N A T G S U R Y A S
T S G O P D Z E N E N T G Z M
S D B W C Z O R A A L P C Q I
L A N G I T D L T A A A R Z K
A G I M K M I I N Y Y I P P J
S F I Q S F A H I A J I O A J
T M X Y J E K A L X U Z K J N
R I M O N O R T S A B B S B A
O K F H P V B P I Y U X E K L
N O R B I T B K R S T Y L Z U
O U C I M U B N A H A L E B B
M H O R I S O N G E W J T S Y
U H G A R I S B U J U R D K F
```

ASTEROID

ASTRONOMI

ASTRONOM

SUASANA

KEGELAPAN

LANGIT

KOSMIK

BELAHAN BUMI

GALAKSI

GARIS LINTANG

GARIS BUJUR

BULAN

ORBIT

HORISON

SURYA

TELESKOP

TERLIHAT

ZODIAK

95 - Jazz

```
A R T S E K R O T V W P T L F
D R U W O Z E M E K D A E R G
I D T D X L S J K D Z D P O V
A N N I K A N O N L Y U U J I
O L S E S N O Q I Q D I K L N
J E B J B E K F K E Z Q T N K
H X M U T K T R W B J C A K O
Y A I E M R I R N D F V N O M
F Q Q I N E R N E G S E G M P
M U S I K T O P M T L Z A P O
H I M P R O V I S A S I N O S
T U A H Q N A N A K E T F S I
E Q B Y H F F Y J A N E U E S
P H C K X V L A A B A M A R I
C T X E J U T L A G U R A B L
```

ALBUM	IMPROVISASI
TEPUK TANGAN	MUSIK
ARTIS	BARU
LAGU	ORKESTRA
KOMPOSER	FAVORIT
KOMPOSISI	IRAMA
KONSER	GAYA
TEKANAN	BAKAT
TERKENAL	TEKNIK
GENRE	TUA

96 - Vacanze #2

```
R T G J E W M H I N O E A W X
T E A D N E T K N A R U B I L
R H S K D N I A T N A P W S F
A O K T S U B I U A N F O A O
N T F X O I E G C L G C C E C
S E L I N R R U L A A O M R K
P L Q C N W A T A J S L L K T
O R Q S E G R N U R I B A E F
R K O F V M A V T E N O S R O
T H E F N F D X G P G P T I M
A M R R S N N P E T A U U F P
S D H K E P A S P O R L J O M
I V I S A T B P Q M K A U T Z
D G N I P M A C I T L U A O O
W U A W V A U M G M X T N K Y
```

BANDARA	PANTAI
CAMPING	ORANG ASING
TUJUAN	TAKSI
FOTO	REKREASI
HOTEL	TENDA
PULAU	TRANSPORTASI
PETA	KERETA
LAUT	LIBURAN
PASPOR	PERJALANAN
RESTORAN	VISA

97 - Attività

```
R  K  K  F  O  T  O  G  R  A  F  I  V  F  H
E  E  G  E  R  E  L  A  K  S  A  S  I  B  I
K  R  J  E  R  B  S  K  N  F  X  C  M  D  K
R  A  W  A  N  A  G  N  A  N  E  S  E  K  I
E  J  L  V  H  W  M  Z  H  D  A  L  M  P  N
A  I  F  I  R  I  H  I  S  W  K  S  H  Y  G
S  N  S  W  R  N  T  T  K  W  R  I  H  U  I
I  A  E  Z  S  A  T  I  V  I  T  K  A  T  T
P  N  N  Y  N  M  E  M  A  N  C  I  N  G
M  U  I  G  N  I  P  M  A  C  G  Y  K  T  E
Y  C  Z  Q  N  A  I  L  H  A  E  K  I  A  T
C  O  G  Z  M  M  B  E  R  B  U  R  U  X  V
K  I  P  Z  L  R  O  X  V  M  A  C  V  R  K
Q  B  Q  J  E  E  N  U  B  E  K  R  E  B  O
M  I  N  A  T  P  T  A  T  M  S  A  L  B  X
```

KEAHLIAN	BERKEBUN
SENI	PERMAINAN
KERAJINAN	MINAT
AKTIVITAS	MEMBACA
BERBURU	SIHIR
CAMPING	MEMANCING
KERAMIK	KESENANGAN
JAHIT	PUZZLE
HIKING	RELAKSASI
FOTOGRAFI	REKREASI

98 - Diplomazia

```
P E N M X H D T E Z C B P B M
E P T V N A I J N A J R E P C
N E A I G H S A T I N U M O K
A M D P K W K I L F N O K D Q
S E N O Q A U I O R I Z P I S
I R K A R A S E B A T U D P O
H I C E W K I T I L O P Y L L
A N I D A M A S A J R E K O U
T T V X E D X P C X R U J M S
S A I U V G I H L M Y F J A I
X H C X A J K L J P X L R T S
K E A M A N A N A G R A W I P
R E S O L U S I L N E P M K B
E M H P K E D U T A A N E P D
B P X I N T E G R I T A S P Y
```

KEDUTAAN
DUTA BESAR
WARGA
CIVIC
KOMUNITAS
KONFLIK
PENASIHAT
KERJA SAMA
DIPLOMATIK
DISKUSI

ETIKA
KEADILAN
PEMERINTAH
INTEGRITAS
POLITIK
RESOLUSI
KEAMANAN
SOLUSI
PERJANJIAN

99 - Forniture Artistiche

```
X G T K A M E R A Y E P L A I
O K B A T N I T N K I E O I M
D R M R N H W K N W K N U R A
V I H W A A A R K H E G Z W K
K S N R T R H C N O R H A I R
W A R N A O P L R M T A R U I
N T Y I D E A T I W A P A S L
L I S N E P S Y A A S U N I I
H V X Q I T T E T J T S G K K
U I R C S M E M A L E M J A J
D T K J R E L D C S A R X T N
R A A S U J X N B M E C V M B
Z E B X K A S N J T B L C P W
C R Y X O J F U D M T N F E Y
E K X U J S N P Q F O Q D Y I
```

AIR
CAT AIR
AKRILIK
TANAH LIAT
ARANG
KERTAS
EASEL
LEM
WARNA
KREATIVITAS

PENGHAPUS
IDE
TINTA
PENSIL
MINYAK
PASTEL
KURSI
SIKAT
MEJA
KAMERA

100 - Misurazioni

```
H  J  P  J  K  I  L  O  G  R  A  M  P  Y  L
Z  T  I  N  E  M  I  D  K  A  Y  I  A  F  Z
J  A  I  E  A  Y  U  X  W  B  X  R  N  Z  S
F  B  B  N  W  B  V  U  K  E  E  V  J  N  E
Q  L  U  G  G  T  N  U  U  L  M  P  A  W  I
K  R  Y  Y  T  G  J  K  O  B  D  F  N  H  X
S  E  T  Y  B  D  I  U  Q  J  L  J  G  L  P
N  T  D  H  A  R  E  T  E  M  G  R  A  M  K
I  E  X  A  B  Z  U  R  P  I  N  T  R  W  S
W  M  N  L  L  G  T  L  A  M  I  S  E  D  I
F  I  K  T  A  A  F  H  R  J  F  P  T  L  N
N  T  A  R  E  B  M  Y  V  D  A  W  I  K  C
H  N  O  T  X  B  J  A  S  Z  Z  T  L  Q  I
B  E  M  U  L  O  V  R  N  Q  Q  X  J  F  H
B  S  V  R  E  T  E  M  O  L  I  K  Y  Z  U
```

TINGGI	PANJANG
BYTE	METER
SENTIMETER	MENIT
KILOGRAM	ONS
KILOMETER	BERAT
DESIMAL	PINT
DERAJAT	INCI
GRAM	KEDALAMAN
LEBAR	TON
LITER	VOLUME

1 - Scacchi

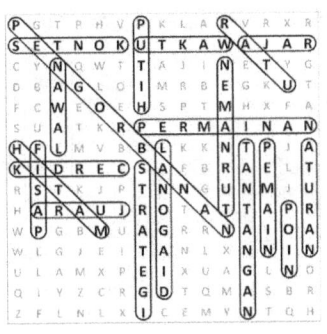

2 - Salute e Benessere #2

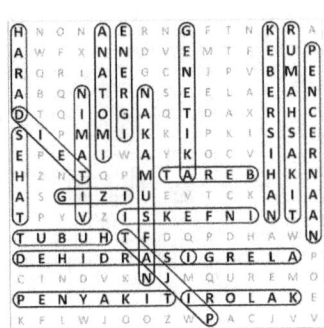

3 - Aggettivi #2

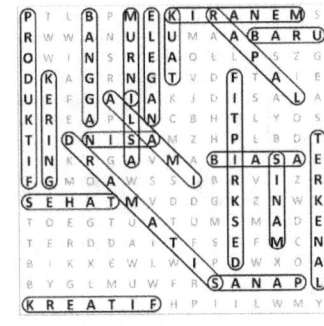

4 - Ingegneria

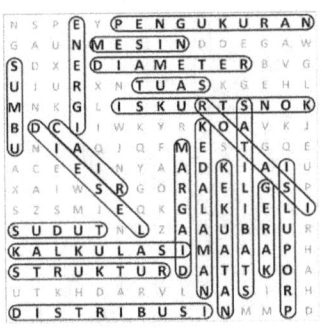

5 - Archeologia

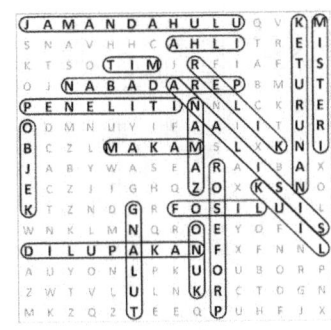

6 - Salute e Benessere #1

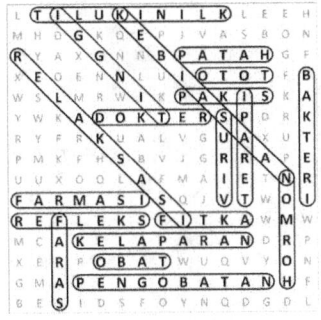

7 - Aggettivi #1

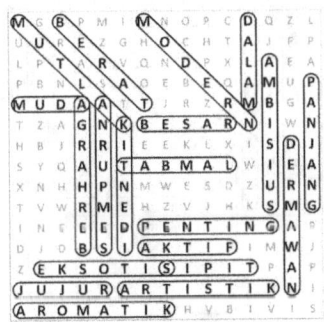

8 - Geologia

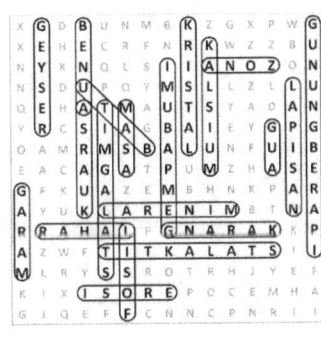

9 - Campeggio

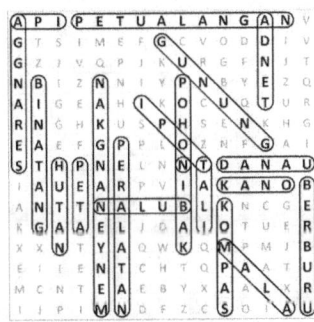

10 - Arti Visive

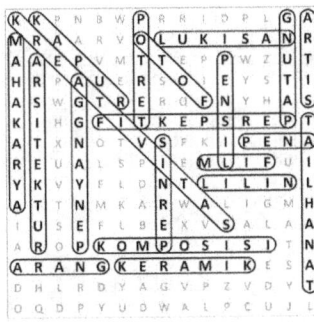

11 - Tempo

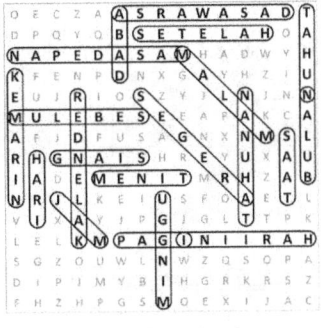

12 - Astronomia

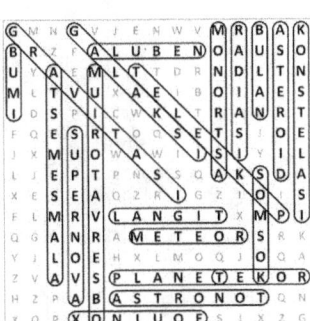

13 - Algebra

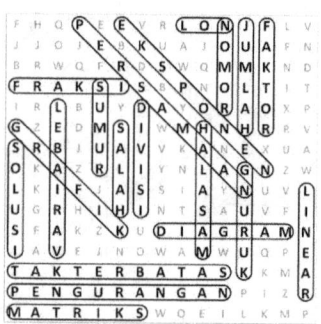

14 - Mitologia

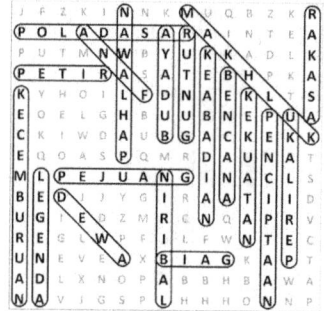

15 - Piante

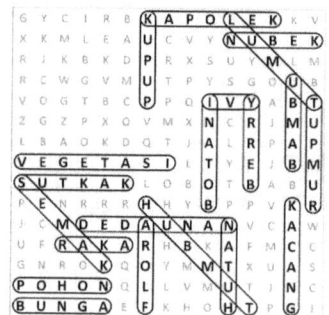

16 - Spezie

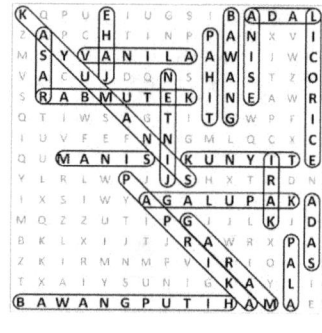

17 - Numeri

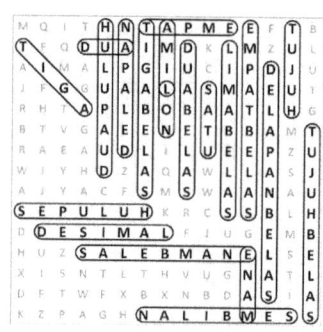

18 - Cioccolato

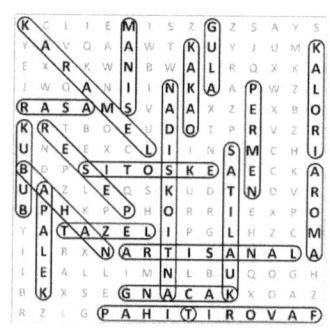

19 - Guida

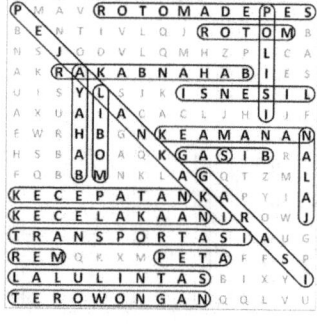

20 - I Media

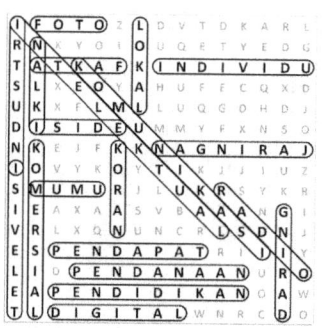

21 - Forza e Gravità

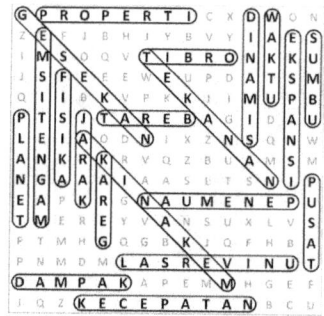

22 - Caffè

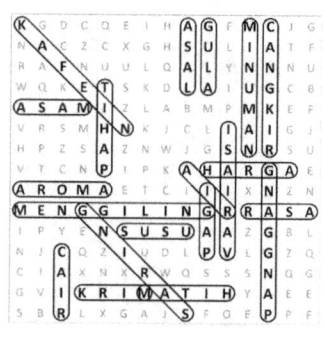

23 - Uccelli

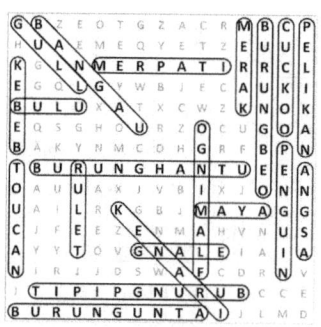

24 - Giorni e Mesi

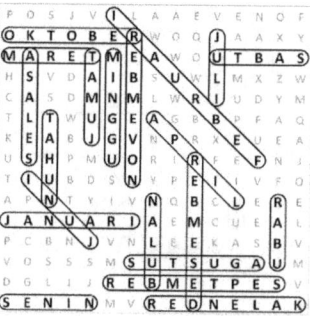

25 - Casa

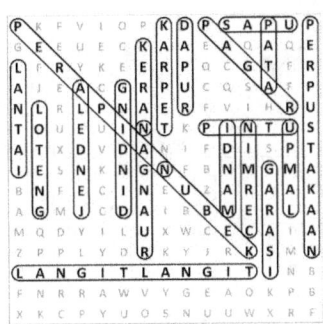

26 - Fantascienza

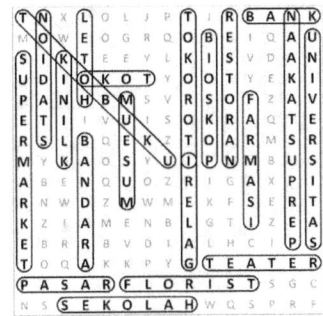

27 - Città

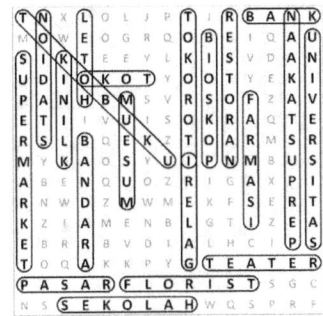

28 - Fattoria #1

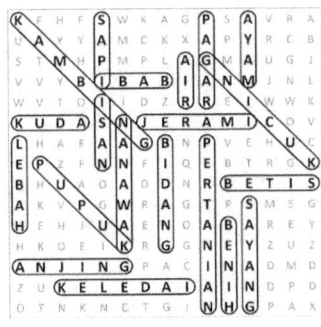

29 - Psicologia

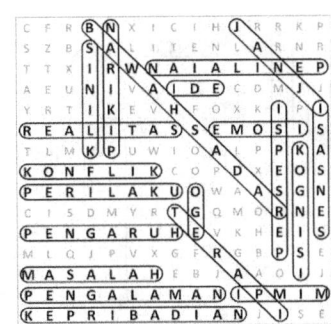

30 - Paesaggi

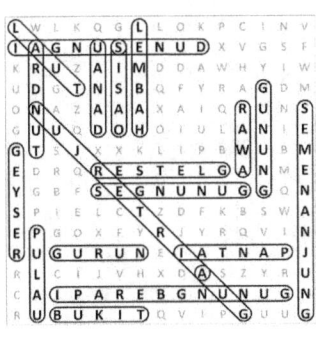

31 - Energia

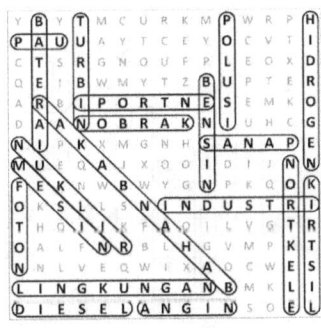

32 - Ristorante #2

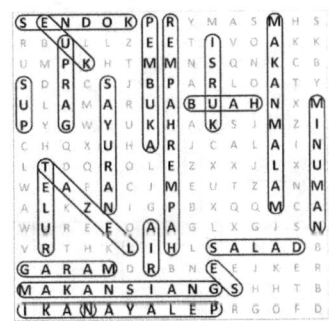

33 - Moda

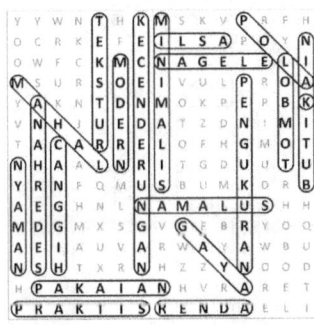

34 - L'Azienda

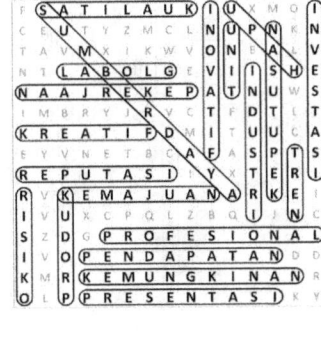

35 - Giardino

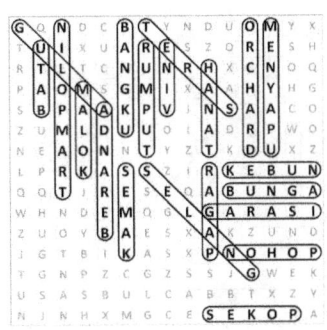

36 - Riscaldamento Gl

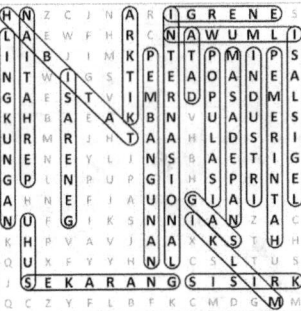

37 - Frutta

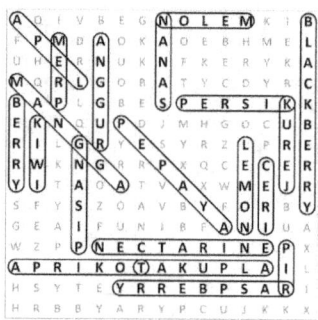

38 - Fattoria #2

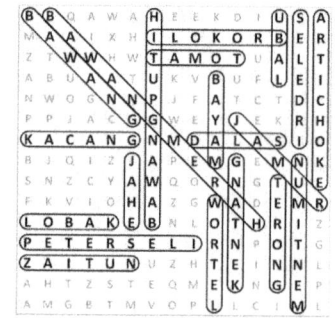

39 - Verdure

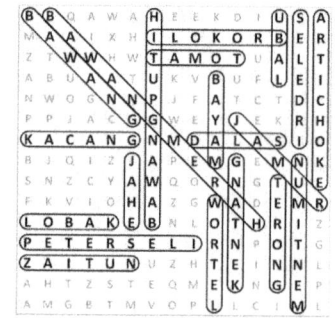

40 - Musica

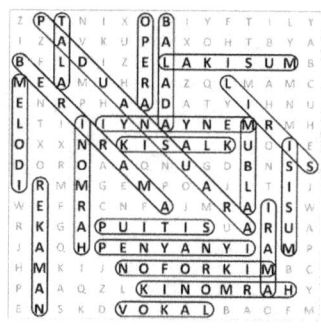

41 - Barbecue

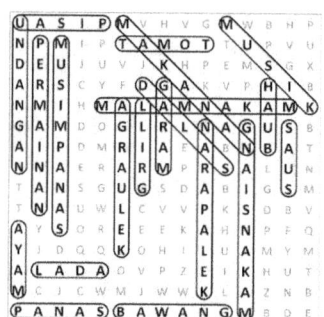

42 - Insetti

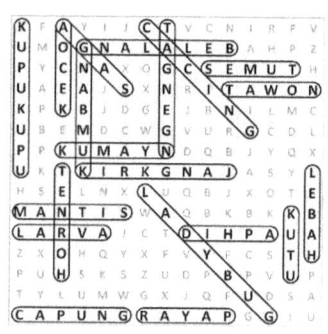

43 - Fisica

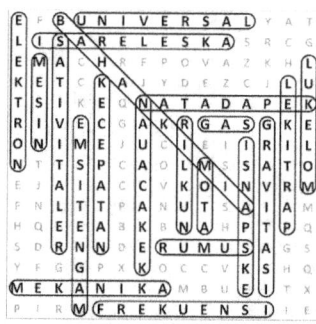

44 - Agronomia

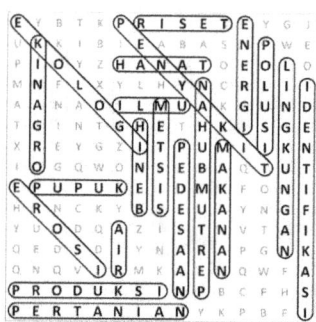

45 - Erboristeria

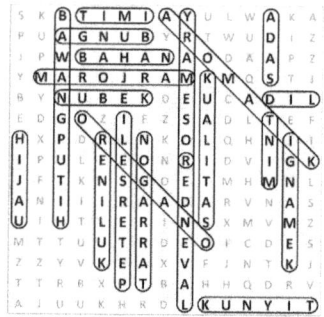

46 - Biologia

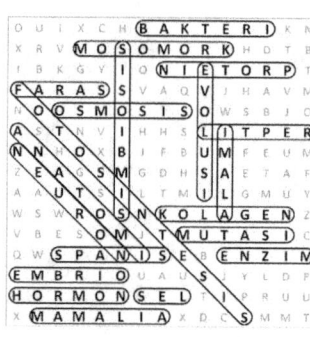

47 - Attività Commerciale

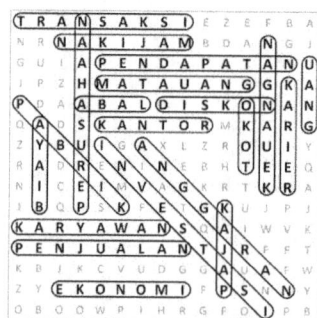

48 - Fiori

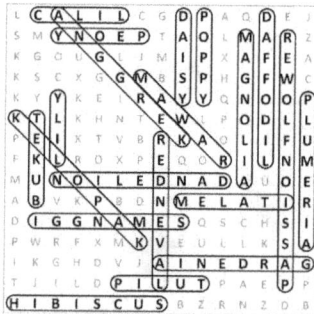

49 - Filantropia

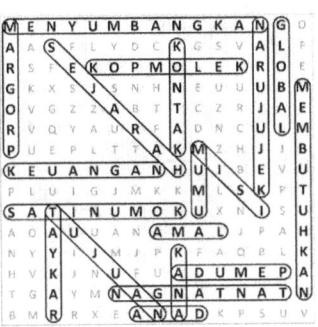

50 - Ecologia

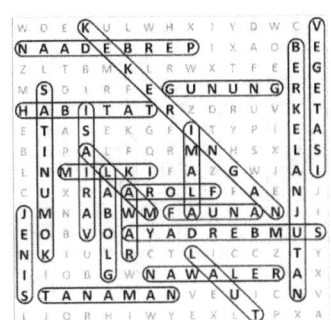

51 - Discipline Scientifiche

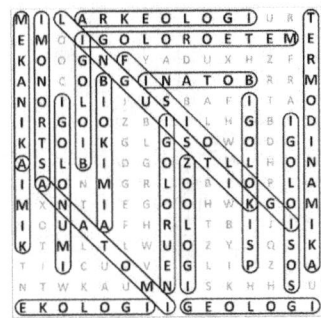

52 - Scienza

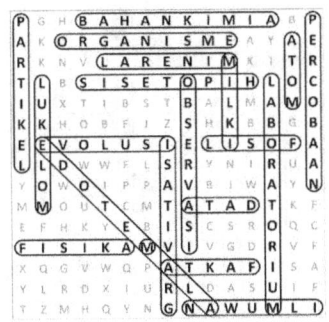

53 - Boxe

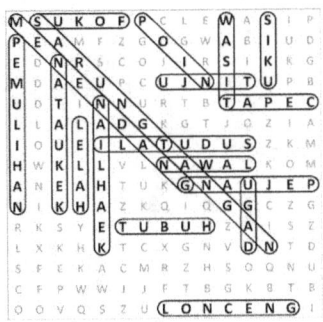

54 - Imbarcazioni

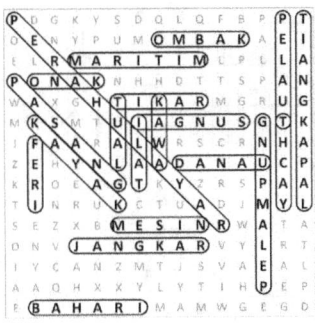

55 - Chimica

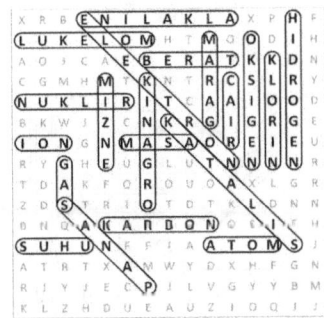

56 - Api

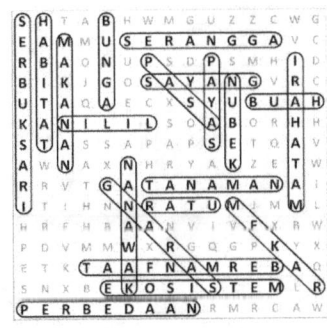

57 - Conservazione

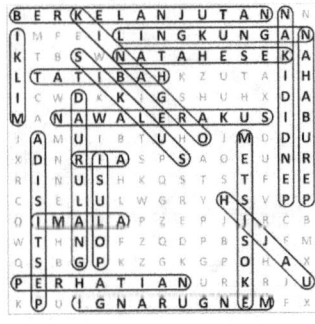

58 - Strumenti Musicali

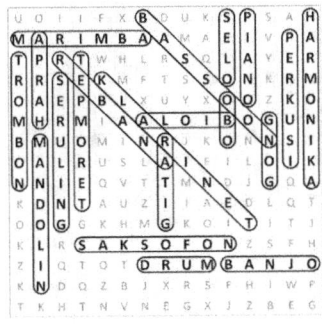

59 - Professioni #2

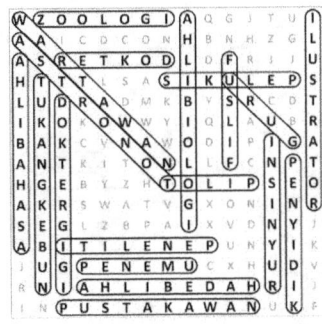

60 - Letteratura

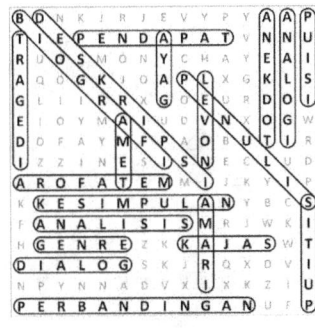

61 - Cibo #2

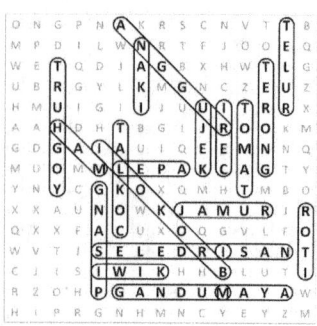

62 - Nutrizione

63 - Matematica

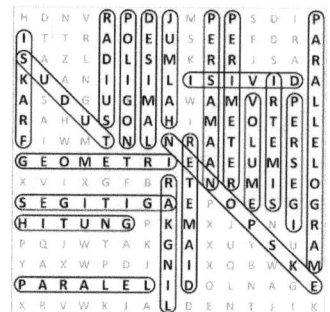

64 - Meditazione

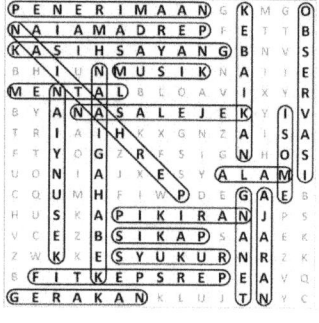

65 - Antiquariato

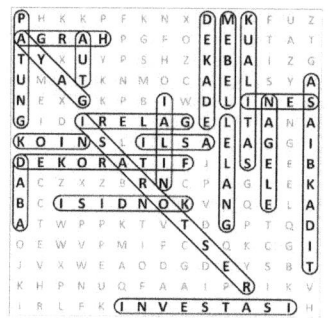

66 - Escursionismo

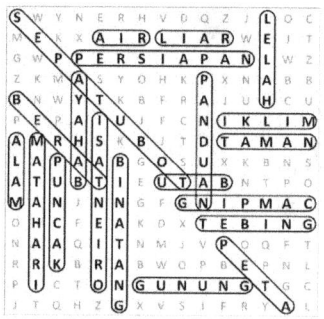

67 - Professioni #1

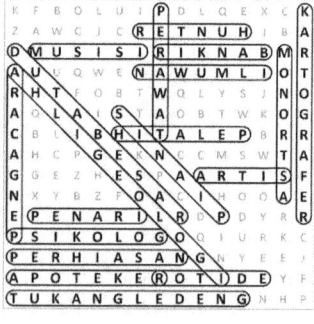

68 - Antartide

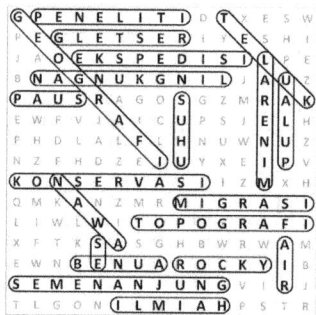

69 - Libri

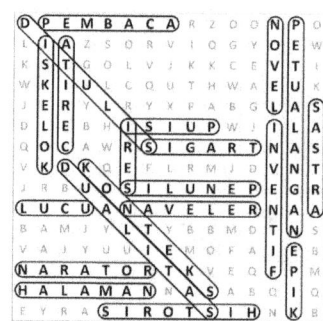

70 - Geografia

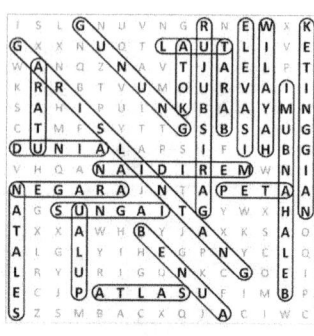

71 - Cibo #1

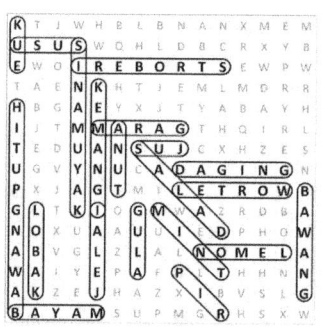

72 - Aeroplani

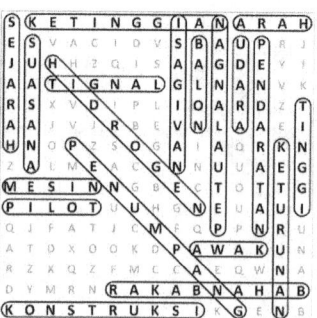

73 - Governo

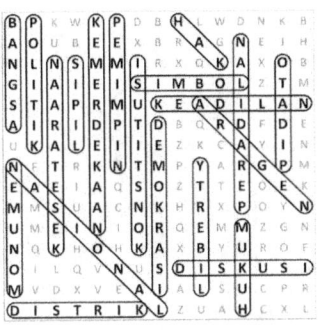

74 - Bellezza

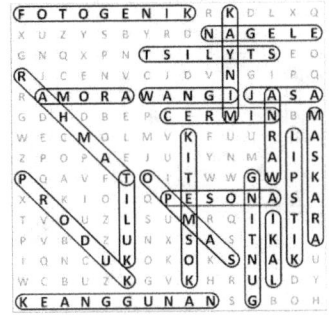

75 - Avventura

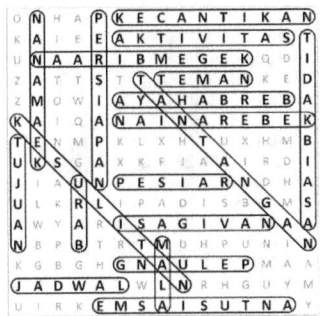

76 - Forme

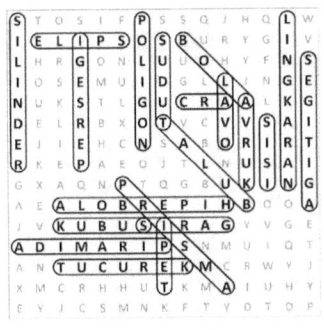

77 - Oceano

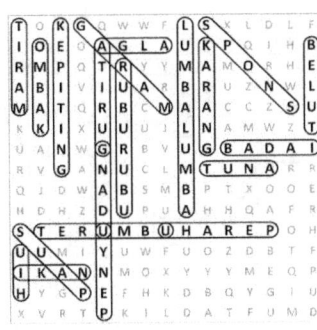

78 - Creatività

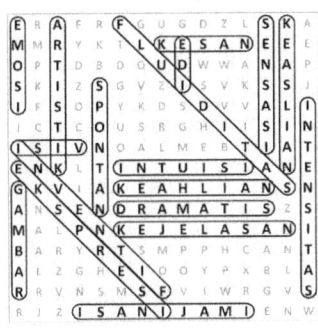

79 - Veicoli

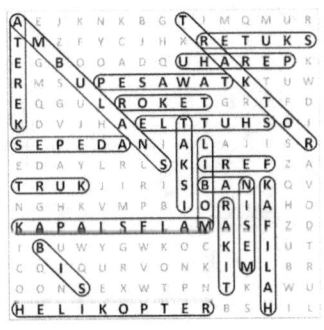

80 - Natura

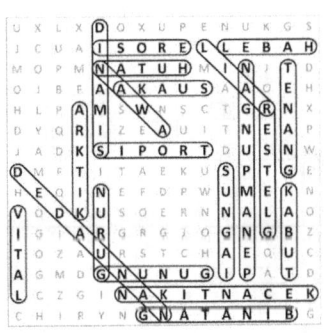

81 - Balletto

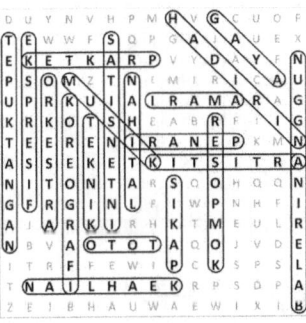

82 - Paesi #1

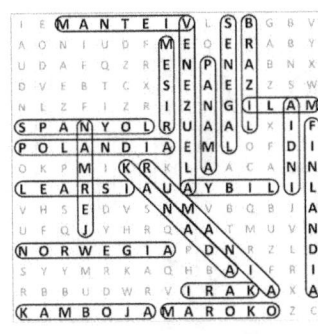

83 - Geometria

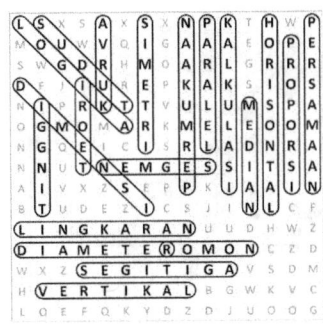

84 - Edifici

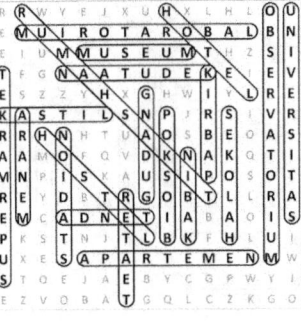

85 - Malattia

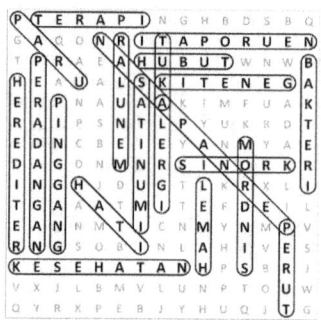

86 - Paesi #2

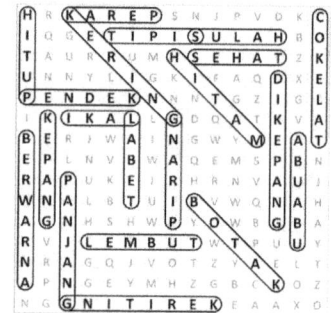

87 - Tipi di Capelli

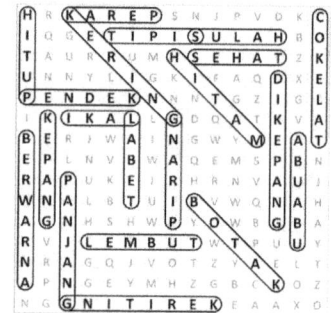

88 - Vestiti

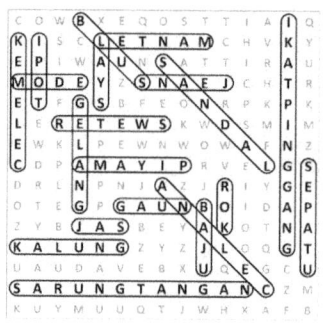

89 - Attività e Tempo Libero

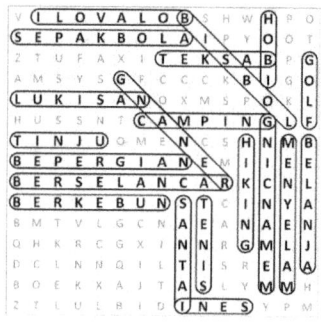

90 - Meteo

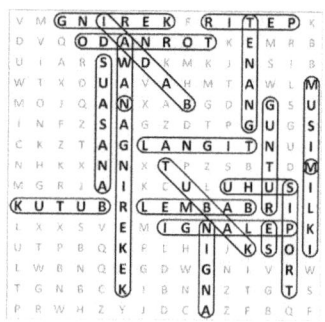

91 - Corpo Umano

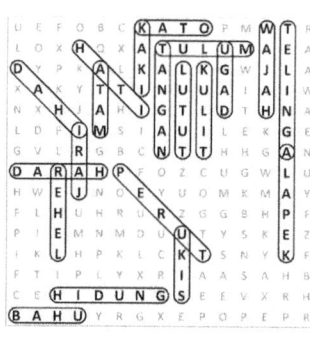

92 - Mammiferi

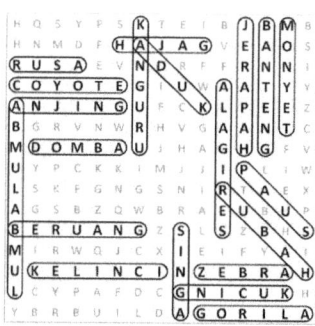

93 - Arrampicata

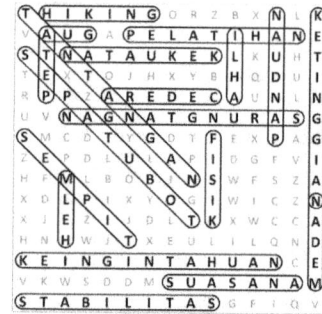

94 - Universo

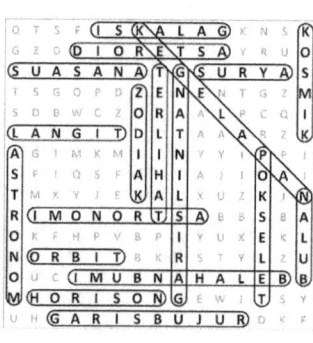

95 - Jazz

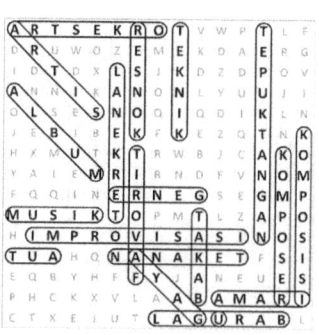

96 - Vacanze #2

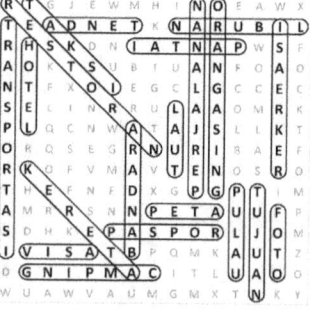

97 - Attività

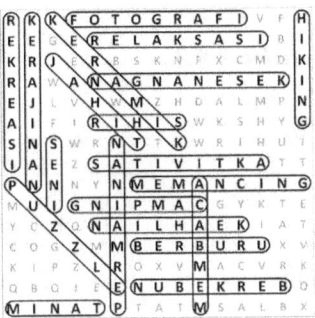

98 - Diplomazia

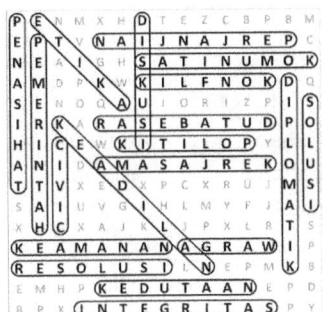

99 - Forniture Artistiche

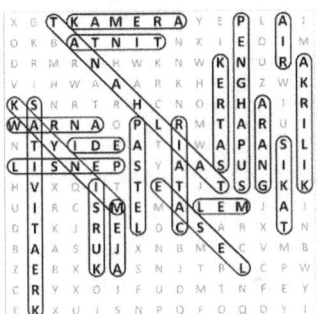

100 - Misurazioni

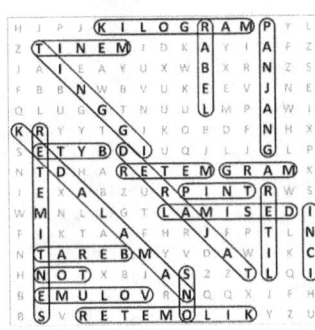

Dizionario

Aeroplani
Pesawat Terbang

Altezza	Tinggi
Altitudine	Ketinggian
Aria	Udara
Atmosfera	Suasana
Atterraggio	Pendaratan
Avventura	Petualangan
Carburante	Bahan Bakar
Cielo	Langit
Costruzione	Konstruksi
Direzione	Arah
Discesa	Keturunan
Equipaggio	Awak
Idrogeno	Hidrogen
Motore	Mesin
Navigare	Navigasi
Palloncino	Balon
Passeggero	Penumpang
Pilota	Pilot
Storia	Sejarah
Turbolenza	Turbulensi

Aggettivi #1
Kata Sifat # 1

Ambizioso	Ambisius
Aromatico	Aromatik
Artistico	Artistik
Assoluto	Mutlak
Attivo	Aktif
Enorme	Besar
Esotico	Eksotis
Generoso	Dermawan
Giovane	Muda
Identico	Identik
Importante	Penting
Lento	Lambat
Lungo	Panjang
Moderno	Modern
Onesto	Jujur
Perfetto	Sempurna
Pesante	Berat
Prezioso	Berharga
Profondo	Dalam
Sottile	Tipis

Aggettivi #2
Kata Sifat #2

Affamato	Lapar
Asciutto	Kering
Autentico	Asli
Caldo	Panas
Creativo	Kreatif
Descrittivo	Deskriptif
Dolce	Manis
Drammatico	Dramatis
Elegante	Elegan
Famoso	Terkenal
Forte	Kuat
Interessante	Menarik
Naturale	Alami
Normale	Biasa
Nuovo	Baru
Orgoglioso	Bangga
Produttivo	Produktif
Puro	Murni
Salato	Asin
Sano	Sehat

Agronomia
Agronomi

Acqua	Air
Agricoltura	Pertanian
Ambiente	Lingkungan
Cibo	Makanan
Crescita	Pertumbuhan
Ecologia	Ekologi
Energia	Energi
Erosione	Erosi
Fertilizzante	Pupuk
Identificazione	Identifikasi
Inquinamento	Polusi
Malattie	Penyakit
Organico	Organik
Produzione	Produksi
Ricerca	Riset
Rurale	Pedesaan
Scienza	Ilmu
Semi	Benih
Sistemi	Sistem
Suolo	Tanah

Algebra
Aljabar

Diagramma	Diagram
Divisione	Divisi
Equazione	Persamaan
Esponente	Eksponen
Falso	Salah
Fattore	Faktor
Formula	Rumus
Frazione	Fraksi
Grafico	Grafik
Infinito	Tak Terbatas
Lineare	Linear
Matrice	Matriks
Numero	Nomor
Parentesi	Kurung
Problema	Masalah
Soluzione	Solusi
Somma	Jumlah
Sottrazione	Pengurangan
Variabile	Variabel
Zero	Nol

Antartide
Antartika

Acqua	Air
Ambiente	Lingkungan
Baia	Teluk
Balene	Paus
Conservazione	Konservasi
Continente	Benua
Geografia	Geografi
Ghiacciai	Gletser
Ghiaccio	Es
Isole	Pulau
Migrazione	Migrasi
Minerali	Mineral
Nuvole	Awan
Penisola	Semenanjung
Ricercatore	Peneliti
Roccioso	Rocky
Scientifico	Ilmiah
Spedizione	Ekspedisi
Temperatura	Suhu
Topografia	Topografi

Antiquariato
Barang Antik

Arte	Seni
Asta	Lelang
Autentico	Asli
Condizione	Kondisi
Decenni	Dekade
Decorativo	Dekoratif
Elegante	Elegan
Galleria	Galeri
Insolito	Tidak Biasa
Investimento	Investasi
Mobilio	Mebel
Monete	Koin
Prezzo	Harga
Qualità	Kualitas
Restauro	Restorasi
Scultura	Patung
Secolo	Abad
Stile	Gaya
Valore	Nilai
Vecchio	Tua

Api
Lebah

Ali	Sayap
Alveare	Sarang
Benefico	Bermanfaat
Cera	Lilin
Cibo	Makanan
Diversità	Perbedaan
Ecosistema	Ekosistem
Fiori	Bunga
Fiorire	Mekar
Frutta	Buah
Fumo	Asap
Giardino	Kebun
Habitat	Habitat
Insetto	Serangga
Miele	Sayang
Piante	Tanaman
Polline	Serbuk Sari
Regina	Ratu
Sciame	Kawanan
Sole	Matahari

Archeologia
Arkeologi

Analisi	Analisis
Antichità	Jaman Dahulu
Antico	Kuno
Civiltà	Peradaban
Dimenticato	Dilupakan
Discendente	Keturunan
Era	Zaman
Esperto	Ahli
Fossile	Fosil
Mistero	Misteri
Oggetti	Objek
Ossa	Tulang
Professore	Profesor
Reliquia	Relik
Ricercatore	Peneliti
Sconosciuto	Diketahui
Squadra	Tim
Tempio	Kuil
Tomba	Makam
Valutazione	Evaluasi

Arrampicata
Pendakian

Altitudine	Ketinggian
Atmosfera	Suasana
Casco	Helm
Curiosità	Keingintahuan
Escursioni	Hiking
Esperto	Ahli
Fisico	Fisik
Formazione	Pelatihan
Forza	Kekuatan
Grotta	Gua
Guanti	Sarung Tangan
Guide	Panduan
Lesione	Cedera
Mappa	Peta
Sfide	Tantangan
Stabilità	Stabilitas
Stivali	Sepatu Bot
Stretto	Sempit
Terreno	Medan

Arti Visive
Seni Visual

Architettura	Arsitektur
Argilla	Tanah Liat
Artista	Artis
Capolavoro	Mahakarya
Carbone	Arang
Cavalletto	Penyangga
Cera	Lilin
Ceramica	Keramik
Composizione	Komposisi
Creatività	Kreativitas
Film	Film
Fotografia	Foto
Gesso	Kapur
Matita	Pensil
Penna	Pena
Pittura	Lukisan
Prospettiva	Perspektif
Ritratto	Potret
Scultura	Patung
Vernice	Pernis

Astronomia
Astronomi

Asteroide	Asteroid
Astronauta	Astronot
Astronomo	Astronom
Cielo	Langit
Cosmo	Kosmos
Costellazione	Konstelasi
Equinozio	Equinox
Galassia	Galaksi
Gravità	Gravitasi
Luna	Bulan
Meteora	Meteor
Nebulosa	Nebula
Osservatorio	Observatorium
Pianeta	Planet
Radiazione	Radiasi
Razzo	Roket
Supernova	Supernova
Telescopio	Teleskop
Terra	Bumi
Universo	Alam Semesta

Attività
Kegiatan

Abilità	Keahlian
Arte	Seni
Artigianato	Kerajinan
Attività	Aktivitas
Caccia	Berburu
Campeggio	Camping
Ceramica	Keramik
Cucire	Jahit
Escursioni	Hiking
Fotografia	Fotografi
Giardinaggio	Berkebun
Giochi	Permainan
Interessi	Minat
Lettura	Membaca
Magia	Sihir
Pesca	Memancing
Piacere	Kesenangan
Puzzle	Puzzle
Rilassamento	Relaksasi
Tempo Libero	Rekreasi

Attività Commerciale
Bisnis

Bilancio	Anggaran
Carriera	Karier
Costo	Biaya
Datore di Lavoro	Majikan
Dipendente	Karyawan
Economia	Ekonomi
Fabbrica	Pabrik
Finanza	Keuangan
Investimento	Investasi
Negozio	Toko
Profitto	Laba
Reddito	Pendapatan
Sconto	Diskon
Società	Perusahaan
Soldi	Uang
Tasse	Pajak
Transazione	Transaksi
Ufficio	Kantor
Valuta	Mata Uang
Vendita	Penjualan

Attività e Tempo Libero
Aktivitas dan Kenyamanan

Arte	Seni
Baseball	Bisbol
Basket	Basket
Boxe	Tinju
Calcio	Sepak Bola
Campeggio	Camping
Escursioni	Hiking
Giardinaggio	Berkebun
Golf	Golf
Hobby	Hobi
Immersione	Menyelam
Nuoto	Renang
Pallavolo	Bola Voli
Pesca	Memancing
Pittura	Lukisan
Rilassante	Santai
Shopping	Belanja
Surf	Berselancar
Tennis	Tenis
Viaggio	Bepergian

Avventura
Petualangan

Amici	Teman
Attività	Aktivitas
Bellezza	Kecantikan
Coraggio	Keberanian
Destinazione	Tujuan
Difficoltà	Kesulitan
Entusiasmo	Antusiasme
Escursione	Pesiar
Gioia	Kegembiraan
Insolito	Tidak Biasa
Itinerario	Jadwal
Natura	Alam
Navigazione	Navigasi
Nuovo	Baru
Opportunità	Peluang
Pericoloso	Berbahaya
Preparazione	Persiapan
Sfide	Tantangan
Sicurezza	Keamanan
Viaggi	Perjalanan

Balletto
Balet

Abilità	Keahlian
Applauso	Tepuk Tangan
Artistico	Artistik
Ballerina	Balerina
Ballerini	Penari
Compositore	Komposer
Coreografia	Koreografi
Espressivo	Ekspresif
Gesto	Sikap
Grazioso	Anggun
Intensità	Intensitas
Muscoli	Otot
Musica	Musik
Orchestra	Orkestra
Pratica	Praktek
Prova	Latihan
Pubblico	Hadirin
Ritmo	Irama
Stile	Gaya
Tecnica	Teknik

Barbecue
Barbekyu

Caldo	Panas
Cena	Makan Malam
Cibo	Makanan
Cipolle	Bawang
Coltelli	Pisau
Estate	Musim Panas
Fame	Kelaparan
Famiglia	Keluarga
Frutta	Buah
Giochi	Permainan
Griglia	Grill
Insalate	Salad
Invito	Undangan
Musica	Musik
Pepe	Lada
Pollo	Ayam
Pomodori	Tomat
Pranzo	Makan Siang
Sale	Garam
Salsa	Saus

Bellezza
Kecantikan

Colore	Warna
Cosmetici	Kosmetik
Elegante	Elegan
Eleganza	Keanggunan
Fascino	Pesona
Forbici	Gunting
Fotogenico	Fotogenik
Fragranza	Wangi
Grazia	Rahmat
Mascara	Maskara
Oli	Minyak
Pelle	Kulit
Prodotti	Produk
Profumo	Aroma
Riccioli	Ikal
Rossetto	Lipstik
Servizi	Jasa
Shampoo	Sampo
Specchio	Cermin
Stilista	Stylist

Biologia
Biologi

Anatomia	Anatomi
Batteri	Bakteri
Cellula	Sel
Collagene	Kolagen
Cromosoma	Kromosom
Embrione	Embrio
Enzima	Enzim
Evoluzione	Evolusi
Fotosintesi	Fotosintesis
Mammifero	Mamalia
Mutazione	Mutasi
Naturale	Alami
Nervo	Saraf
Neurone	Neuron
Ormone	Hormon
Osmosi	Osmosis
Proteina	Protein
Rettile	Reptil
Simbiosi	Simbiosis
Sinapsi	Sinaps

Boxe
Tinju.

Abilità	Keahlian
Angolo	Sudut
Arbitro	Wasit
Avversario	Lawan
Calcio	Menendang
Campana	Lonceng
Combattente	Pejuang
Corde	Tali
Corpo	Tubuh
Esaurito	Lelah
Forza	Kekuatan
Fuoco	Fokus
Gomito	Siku
Guanti	Sarung Tangan
Mento	Dagu
Pugno	Tinju
Punti	Poin
Rapido	Cepat
Recupero	Pemulihan

Caffè
Kopi

Acido	Asam
Acqua	Air
Amaro	Pahit
Aroma	Aroma
Arrostito	Panggang
Bevanda	Minuman
Caffeina	Kafein
Crema	Krim
Filtro	Saring
Gusto	Rasa
Latte	Susu
Liquido	Cair
Macinare	Menggiling
Mattina	Pagi
Nero	Hitam
Origine	Asal
Prezzo	Harga
Tazza	Cangkir
Varietà	Variasi
Zucchero	Gula

Campeggio
Berkemah

Alberi	Pohon
Animali	Binatang
Attrezzatura	Peralatan
Avventura	Petualangan
Bussola	Kompas
Cabina	Kabin
Caccia	Berburu
Canoa	Kano
Cappello	Topi
Corda	Tali
Divertimento	Menyenangkan
Foresta	Hutan
Fuoco	Api
Insetto	Serangga
Lago	Danau
Luna	Bulan
Mappa	Peta
Montagna	Gunung
Natura	Alam
Tenda	Tenda

Casa
Rumah

Attico	Loteng
Biblioteca	Perpustakaan
Camera	Ruangan
Camino	Perapian
Cucina	Dapur
Doccia	Mandi
Finestra	Jendela
Garage	Garasi
Giardino	Kebun
Lampada	Lampu
Parete	Dinding
Pavimento	Lantai
Porta	Pintu
Recinto	Pagar
Rubinetto	Keran
Scopa	Sapu
Soffitto	Langit-Langit
Specchio	Cermin
Tappeto	Karpet
Tetto	Atap

Chimica
Kimia

Acido	Asam
Alcalino	Alkaline
Atomico	Atom
Calore	Panas
Carbonio	Karbon
Catalizzatore	Katalis
Cloro	Klorin
Elettrone	Elektron
Enzima	Enzim
Gas	Gas
Idrogeno	Hidrogen
Ione	Ion
Liquido	Cair
Molecola	Molekul
Nucleare	Nuklir
Organico	Organik
Ossigeno	Oksigen
Peso	Berat
Sale	Garam
Temperatura	Suhu

Cibo #1
Makanan # 1

Aglio	Bawang Putih
Basilico	Kemangi
Cannella	Kayu Manis
Carne	Daging
Carota	Wortel
Cipolla	Bawang
Fragola	Stroberi
Insalata	Salad
Latte	Susu
Limone	Lemon
Menta	Mint
Orzo	Jelai
Pera	Pir
Rapa	Lobak
Sale	Garam
Spinaci	Bayam
Succo	Jus
Tonno	Tuna
Torta	Kue
Zucchero	Gula

Cibo #2
Makanan # 2

Banana	Pisang
Broccolo	Brokoli
Ciliegia	Ceri
Cioccolato	Coklat
Formaggio	Keju
Fungo	Jamur
Grano	Gandum
Kiwi	Kiwi
Mela	Apel
Melanzana	Terong
Pane	Roti
Pesce	Ikan
Pollo	Ayam
Pomodoro	Tomat
Prosciutto	Ham
Riso	Nasi
Sedano	Seledri
Uovo	Telur
Uva	Anggur
Yogurt	Yoghurt

Cioccolato
Cokelat

Amaro	Pahit
Antiossidante	Antioksidan
Arachidi	Kacang
Aroma	Aroma
Artigianale	Artisanal
Cacao	Kakao
Calorie	Kalori
Caramella	Permen
Caramello	Karamel
Delizioso	Lezat
Dolce	Manis
Esotico	Eksotis
Gusto	Rasa
Ingrediente	Bahan
Noce di Cocco	Kelapa
Polvere	Bubuk
Preferito	Favorit
Qualità	Kualitas
Ricetta	Resep
Zucchero	Gula

Città
Kota

Aeroporto	Bandara
Banca	Bank
Biblioteca	Perpustakaan
Cinema	Bioskop
Clinica	Klinik
Farmacia	Farmasi
Fiorista	Florist
Galleria	Galeri
Hotel	Hotel
Libreria	Toko Buku
Mercato	Pasar
Museo	Museum
Negozio	Toko
Panetteria	Toko Roti
Ristorante	Restoran
Scuola	Sekolah
Stadio	Stadion
Supermercato	Supermarket
Teatro	Teater
Università	Universitas

Conservazione
Konservasi

Acqua	Air
Ambientale	Lingkungan
Cambiamenti	Perubahan
Ciclo	Siklus
Clima	Iklim
Ecosistema	Ekosistem
Educazione	Pendidikan
Habitat	Habitat
Inquinamento	Polusi
Naturale	Alami
Organico	Organik
Pesticida	Pestisida
Preoccupazione	Perhatian
Riciclare	Daur Ulang
Ridurre	Mengurangi
Salute	Kesehatan
Sostenibile	Berkelanjutan
Verde	Hijau
Volontario	Sukarelawan

Corpo Umano
Tubuh Manusia

Bocca	Mulut
Cervello	Otak
Collo	Leher
Cuore	Hati
Dito	Jari
Faccia	Wajah
Fronte	Dahi
Gamba	Kaki
Ginocchio	Lutut
Gomito	Siku
Mano	Tangan
Mento	Dagu
Naso	Hidung
Occhio	Mata
Orecchio	Telinga
Pelle	Kulit
Sangue	Darah
Spalla	Bahu
Stomaco	Perut
Testa	Kepala

Creatività
Kreativitas

Abilità	Keahlian
Artistico	Artistik
Autenticità	Keaslian
Chiarezza	Kejelasan
Drammatico	Dramatis
Emozioni	Emosi
Espressione	Ekspresi
Fluidità	Fluiditas
Idee	Ide
Immaginazione	Imajinasi
Immagine	Gambar
Impressione	Kesan
Intensità	Intensitas
Intuizione	Intuisi
Inventivo	Inventif
Ispirazione	Inspirasi
Sensazione	Sensasi
Spontaneo	Spontan
Visioni	Visi
Vitalità	Daya Hidup

Diplomazia
Diplomasi

Ambasciata	Kedutaan
Ambasciatore	Duta Besar
Cittadini	Warga
Civico	Civic
Comunità	Komunitas
Conflitto	Konflik
Consigliere	Penasihat
Cooperazione	Kerja Sama
Diplomatico	Diplomatik
Discussione	Diskusi
Etica	Etika
Giustizia	Keadilan
Governo	Pemerintah
Integrità	Integritas
Politica	Politik
Risoluzione	Resolusi
Sicurezza	Keamanan
Soluzione	Solusi
Trattato	Perjanjian
Umanitario	Kemanusiaan

Discipline Scientifiche
Disiplin Ilmiah

Anatomia	Anatomi
Archeologia	Arkeologi
Astronomia	Astronomi
Biochimica	Biokimia
Biologia	Biologi
Botanica	Botani
Chimica	Kimia
Ecologia	Ekologi
Fisiologia	Fisiologi
Geologia	Geologi
Immunologia	Imunologi
Linguistica	Linguistik
Meccanica	Mekanika
Meteorologia	Meteorologi
Mineralogia	Mineralogi
Neurologia	Neurologi
Psicologia	Psikologi
Sociologia	Sosiologi
Termodinamica	Termodinamika
Zoologia	Zoologi

Ecologia
Ekologi

Clima	Iklim
Comunità	Komunitas
Diversità	Perbedaan
Fauna	Fauna
Flora	Flora
Globale	Global
Habitat	Habitat
Marino	Laut
Montagne	Gunung
Natura	Alam
Naturale	Alami
Palude	Rawa
Piante	Tanaman
Risorse	Sumber Daya
Siccità	Kekeringan
Sostenibile	Berkelanjutan
Specie	Jenis
Varietà	Variasi
Vegetazione	Vegetasi
Volontari	Relawan

Edifici
Bangunan

Ambasciata	Kedutaan
Appartamento	Apartemen
Cabina	Kabin
Castello	Kastil
Cinema	Bioskop
Fabbrica	Pabrik
Fienile	Gudang
Hotel	Hotel
Laboratorio	Laboratorium
Museo	Museum
Ospedale	Rumah Sakit
Osservatorio	Observatorium
Ostello	Hostel
Scuola	Sekolah
Stadio	Stadion
Supermercato	Supermarket
Teatro	Teater
Tenda	Tenda
Torre	Menara
Università	Universitas

Energia
Energi

Ambiente	Lingkungan
Batteria	Baterai
Benzina	Bensin
Calore	Panas
Carbonio	Karbon
Carburante	Bahan Bakar
Diesel	Diesel
Elettrico	Listrik
Elettrone	Elektron
Entropia	Entropi
Fotone	Foton
Idrogeno	Hidrogen
Industria	Industri
Inquinamento	Polusi
Motore	Mesin
Nucleare	Nuklir
Rinnovabile	Terbarukan
Turbina	Turbin
Vapore	Uap
Vento	Angin

Erboristeria
Herbalisme

Aglio	Bawang Putih
Aneto	Dil
Aromatico	Aromatik
Basilico	Kemangi
Culinario	Kuliner
Dragoncello	Tarragon
Finocchio	Adas
Fiore	Bunga
Giardino	Kebun
Ingrediente	Bahan
Lavanda	Lavender
Maggiorana	Marjoram
Menta	Mint
Origano	Oregano
Prezzemolo	Peterseli
Qualità	Kualitas
Rosmarino	Rosemary
Timo	Timi
Verde	Hijau
Zafferano	Kunyit

Escursionismo
Mendaki

Acqua	Air
Animali	Binatang
Campeggio	Camping
Clima	Iklim
Guide	Panduan
Mappa	Peta
Montagna	Gunung
Natura	Alam
Orientamento	Orientasi
Parchi	Taman
Pericoli	Bahaya
Pesante	Berat
Pietre	Batu
Preparazione	Persiapan
Scogliera	Tebing
Selvaggio	Liar
Sole	Matahari
Stanco	Lelah
Stivali	Sepatu Bot
Vertice	Puncak

Fantascienza
Fiksi Ilmiah

Atomico	Atom
Cinema	Bioskop
Distopia	Distopia
Esplosione	Ledakan
Estremo	Ekstrem
Fantastico	Fantastis
Fuoco	Api
Futuristico	Futuristik
Galassia	Galaksi
Illusione	Ilusi
Immaginario	Imajiner
Libri	Buku
Misterioso	Gaib
Mondo	Dunia
Oracolo	Oracle
Pianeta	Planet
Realistico	Realistis
Robot	Robot
Tecnologia	Teknologi
Utopia	Utopia

Fattoria #1
Peternakan #1

Acqua	Air
Agricoltura	Pertanian
Ape	Lebah
Asino	Keledai
Campo	Bidang
Cane	Anjing
Capra	Kambing
Cavallo	Kuda
Fertilizzante	Pupuk
Fieno	Jerami
Gatto	Kucing
Gregge	Kawanan
Maiale	Babi
Miele	Sayang
Mucca	Sapi
Pollo	Ayam
Recinto	Pagar
Riso	Nasi
Semi	Benih
Vitello	Betis

Fattoria #2
Peternakan #2

Agricoltore	Petani
Alveare	Beehive
Anatra	Bebek
Animali	Binatang
Cibo	Makanan
Fienile	Gudang
Frutta	Buah
Frutteto	Orchard
Grano	Gandum
Irrigazione	Irigasi
Lama	Llama
Latte	Susu
Mais	Jagung
Maturo	Matang
Oche	Angsa
Orzo	Jelai
Pastore	Gembala
Pecora	Domba
Prato	Padang Rumput
Trattore	Traktor

Filantropia
Kedermawanan

Bambini	Anak
Bisogno	Membutuhkan
Carità	Amal
Comunità	Komunitas
Contatti	Kontak
Donare	Menyumbangkan
Finanza	Keuangan
Fondi	Dana
Gioventù	Pemuda
Globale	Global
Gruppi	Kelompok
Missione	Misi
Obiettivi	Tujuan
Onestà	Kejujuran
Persone	Rakyat
Programmi	Program
Pubblico	Umum
Sfide	Tantangan
Storia	Sejarah
Umanità	Kemanusiaan

Fiori
Bunga-Bunga

Dente di Leone	Dandelion
Gardenia	Gardenia
Gelsomino	Melati
Giglio	Lily
Ibisco	Hibiscus
Lavanda	Lavender
Lilla	Lilac
Magnolia	Magnolia
Margherita	Daisy
Mazzo	Buket
Narciso	Daffodil
Orchidea	Anggrek
Papavero	Poppy
Passiflora	Passionflower
Peonia	Peony
Petalo	Kelopak
Plumeria	Plumeria
Rosa	Mawar
Trifoglio	Semanggi
Tulipano	Tulip

Fisica
Fisika

Accelerazione	Akselerasi
Atomo	Atom
Caos	Kekacauan
Chimico	Bahan Kimia
Densità	Kepadatan
Elettrone	Elektron
Espansione	Ekspansi
Formula	Rumus
Frequenza	Frekuensi
Gas	Gas
Gravità	Gravitasi
Magnetismo	Magnetisme
Meccanica	Mekanika
Molecola	Molekul
Motore	Mesin
Nucleare	Nuklir
Particella	Partikel
Relatività	Relativitas
Universale	Universal
Velocità	Kecepatan

Forme
Bentuk

Angolo	Sudut
Arco	Arc
Bordi	Tepi
Cerchio	Lingkaran
Cilindro	Silinder
Cono	Kerucut
Cubo	Kubus
Curva	Kurva
Ellisse	Elips
Iperbole	Hiperbola
Lato	Sisi
Linea	Garis
Ovale	Oval
Piramide	Piramida
Poligono	Poligon
Prisma	Prisma
Quadrato	Persegi
Rotondo	Bulat
Sfera	Bola
Triangolo	Segitiga

Forniture Artistiche
Perlengkapan Seni

Acqua	Air
Acquerelli	Cat Air
Acrilico	Akrilik
Argilla	Tanah Liat
Carbone	Arang
Carta	Kertas
Cavalletto	Easel
Colla	Lem
Colori	Warna
Creatività	Kreativitas
Gomma	Penghapus
Idee	Ide
Inchiostro	Tinta
Matite	Pensil
Olio	Minyak
Pastelli	Pastel
Sedia	Kursi
Spazzole	Sikat
Tavolo	Meja
Telecamera	Kamera

Forza e Gravità
Gaya dan Gravitasi

Asse	Sumbu
Attrito	Gesekan
Centro	Pusat
Dinamico	Dinamis
Distanza	Jarak
Espansione	Ekspansi
Fisica	Fisika
Impatto	Dampak
Magnetismo	Magnetisme
Meccanica	Mekanika
Movimento	Gerak
Orbita	Orbit
Peso	Berat
Pianeti	Planet
Pressione	Tekanan
Proprietà	Properti
Scoperta	Penemuan
Tempo	Waktu
Universale	Universal
Velocità	Kecepatan

Frutta
Buah

Albicocca	Aprikot
Ananas	Nanas
Arancia	Jeruk
Avocado	Alpukat
Bacca	Berry
Banana	Pisang
Ciliegia	Ceri
Kiwi	Kiwi
Lampone	Raspberry
Limone	Lemon
Mango	Mangga
Mela	Apel
Melone	Melon
Mora	Blackberry
Nettarina	Nectarine
Papaia	Pepaya
Pera	Pir
Pesca	Persik
Prugna	Prem
Uva	Anggur

Geografia
Geografi

Altitudine	Ketinggian
Atlante	Atlas
Città	Kota
Continente	Benua
Elevazione	Elevasi
Emisfero	Belahan Bumi
Fiume	Sungai
Isola	Pulau
Latitudine	Garis Lintang
Longitudine	Garis Bujur
Mappa	Peta
Mare	Laut
Meridiano	Meridian
Mondo	Dunia
Montagna	Gunung
Nord	Utara
Ovest	Barat
Paese	Negara
Sud	Selatan
Territorio	Wilayah

Geologia
Geologi

Acido	Asam
Calcio	Kalsium
Caverna	Gua
Continente	Benua
Corallo	Karang
Cristalli	Kristal
Erosione	Erosi
Fossile	Fosil
Geyser	Geyser
Lava	Lahar
Minerali	Mineral
Pietra	Batu
Quarzo	Kuarsa
Sale	Garam
Stalagmiti	Stalagmit
Stalattite	Stalaktit
Strato	Lapisan
Terremoto	Gempa Bumi
Vulcano	Gunung Berapi
Zona	Zona

Geometria
Geometri

Altezza	Tinggi
Angolo	Sudut
Calcolo	Kalkulasi
Cerchio	Lingkaran
Curva	Kurva
Diametro	Diameter
Dimensione	Dimensi
Equazione	Persamaan
Logica	Logika
Mediano	Median
Numero	Nomor
Orizzontale	Horisontal
Parallelo	Paralel
Proporzione	Proporsi
Segmento	Segmen
Simmetria	Simetri
Superficie	Permukaan
Teoria	Teori
Triangolo	Segitiga
Verticale	Vertikal

Giardino
Taman

Albero	Pohon
Cespuglio	Semak
Erba	Rumput
Erbacce	Gulma
Fiore	Bunga
Frutteto	Orchard
Garage	Garasi
Giardino	Kebun
Pala	Sekop
Panca	Bangku
Portico	Beranda
Rastrello	Menyapu
Recinto	Pagar
Rocce	Batu
Stagno	Kolam
Suolo	Tanah
Terrazza	Teras
Trampolino	Trampolin
Tubo	Selang
Vite	Vine

Giorni e Mesi
Hari dan Bulan

Agosto	Agustus
Anno	Tahun
Aprile	April
Calendario	Kalender
Dicembre	Desember
Domenica	Minggu
Febbraio	Februari
Gennaio	Januari
Giugno	Juni
Luglio	Juli
Lunedì	Senin
Martedì	Selasa
Marzo	Maret
Mercoledì	Rabu
Mese	Bulan
Novembre	November
Ottobre	Oktober
Sabato	Sabtu
Settembre	September
Venerdì	Jumat

Governo
Pemerintah

Capo	Pemimpin
Civile	Sipil
Costituzione	Konstitusi
Democrazia	Demokrasi
Diritti	Hak
Discorso	Pidato
Discussione	Diskusi
Giudiziario	Peradilan
Giustizia	Keadilan
Indipendenza	Kemerdekaan
Legge	Hukum
Libertà	Liberty
Monumento	Monumen
Nazionale	Nasional
Nazione	Bangsa
Politica	Politik
Quartiere	Distrik
Simbolo	Simbol
Stato	Negara
Uguaglianza	Kesetaraan

Guida
Mengemudi

Auto	Mobil
Autobus	Bis
Carburante	Bahan Bakar
Freni	Rem
Garage	Garasi
Gas	Gas
Incidente	Kecelakaan
Licenza	Lisensi
Mappa	Peta
Moto	Sepeda Motor
Motore	Motor
Pedonale	Pejalan Kaki
Pericolo	Bahaya
Polizia	Polisi
Sicurezza	Keamanan
Strada	Jalan
Traffico	Lalu Lintas
Trasporto	Transportasi
Tunnel	Terowongan
Velocità	Kecepatan

I Media
Media

Commerciale	Komersial
Comunicazione	Komunikasi
Digitale	Digital
Edizione	Edisi
Educazione	Pendidikan
Fatti	Fakta
Finanziamento	Pendanaan
Foto	Foto
Giornali	Koran
Individuale	Individu
Industria	Industri
Intellettuale	Intelektual
Locale	Lokal
Online	Daring
Opinione	Pendapat
Pubblicità	Iklan
Pubblico	Umum
Radio	Radio
Rete	Jaringan
Televisione	Televisi

Imbarcazioni
Perahu

Albero	Tiang Kapal
Ancora	Jangkar
Barca a Vela	Perahu Layar
Boa	Pelampung
Canoa	Kano
Corda	Tali
Equipaggio	Awak
Fiume	Sungai
Kayak	Kayak
Lago	Danau
Mare	Laut
Marea	Pasang
Marinaio	Pelaut
Marittimo	Maritim
Motore	Mesin
Nautico	Bahari
Onde	Ombak
Traghetto	Feri
Yacht	Yacht
Zattera	Rakit

Ingegneria
Rekayasa

Angolo	Sudut
Asse	Sumbu
Calcolo	Kalkulasi
Costruzione	Konstruksi
Diagramma	Diagram
Diametro	Diameter
Diesel	Diesel
Distribuzione	Distribusi
Energia	Energi
Forza	Kekuatan
Leve	Tuas
Liquido	Cair
Macchina	Mesin
Misurazione	Pengukuran
Movimento	Gerak
Profondità	Kedalaman
Propulsione	Propulsi
Rotazione	Rotasi
Stabilità	Stabilitas
Struttura	Struktur

Insetti
Serangga

Afide	Aphid
Ape	Lebah
Calabrone	Hornet
Cavalletta	Belalang
Cicala	Jangkrik
Coccinella	Ladybug
Coleottero	Kumbang
Falena	Ngengat
Farfalla	Kupu-Kupu
Formica	Semut
Larva	Larva
Libellula	Capung
Mantide	Mantis
Moscerino	Agas
Pulce	Kutu
Scarafaggio	Kecoa
Termite	Rayap
Verme	Cacing
Vespa	Tawon
Zanzara	Nyamuk

Jazz
Jazz

Album	Album
Applauso	Tepuk Tangan
Artista	Artis
Canzone	Lagu
Compositore	Komposer
Composizione	Komposisi
Concerto	Konser
Enfasi	Tekanan
Famoso	Terkenal
Genere	Genre
Improvvisazione	Improvisasi
Musica	Musik
Nuovo	Baru
Orchestra	Orkestra
Preferiti	Favorit
Ritmo	Irama
Stile	Gaya
Talento	Bakat
Tecnica	Teknik
Vecchio	Tua

L'Azienda
Perusahaan

Creativo	Kreatif
Decisione	Keputusan
Globale	Global
Industria	Industri
Innovativo	Inovatif
Investimento	Investasi
Occupazione	Pekerjaan
Possibilità	Kemungkinan
Presentazione	Presentasi
Prodotto	Produk
Professionale	Profesional
Progresso	Kemajuan
Qualità	Kualitas
Reddito	Pendapatan
Reputazione	Reputasi
Rischi	Risiko
Risorse	Sumber Daya
Salari	Upah
Tendenze	Tren
Unità	Unit

Letteratura
Literatur

Analisi	Analisis
Analogia	Analogi
Aneddoto	Anekdot
Autore	Penulis
Biografia	Biografi
Conclusione	Kesimpulan
Confronto	Perbandingan
Descrizione	Deskripsi
Dialogo	Dialog
Genere	Genre
Metafora	Metafora
Opinione	Pendapat
Poesia	Puisi
Poetico	Puitis
Rima	Sajak
Ritmo	Irama
Romanzo	Novel
Stile	Gaya
Tema	Tema
Tragedia	Tragedi

Libri
Buku-Buku

Autore	Penulis
Avventura	Petualangan
Collezione	Koleksi
Contesto	Konteks
Dualità	Dualitas
Epico	Epik
Inventivo	Inventif
Letterario	Sastra
Lettore	Pembaca
Narratore	Narator
Pagina	Halaman
Poesia	Puisi
Rilevante	Relevan
Romanzo	Novel
Scritto	Ditulis
Serie	Seri
Storia	Cerita
Storico	Historis
Tragico	Tragis
Umoristico	Lucu

Malattia
Penyakit

Acuto	Akut
Addominale	Perut
Allergie	Alergi
Batterico	Bakteri
Contagioso	Menular
Corpo	Tubuh
Cronico	Kronis
Cuore	Hati
Debole	Lemah
Ereditario	Herediter
Genetico	Genetik
Immunità	Imunitas
Infiammazione	Peradangan
Lombare	Pinggang
Neuropatia	Neuropati
Polmonare	Paru
Respiratorio	Pernapasan
Salute	Kesehatan
Sindrome	Sindrom
Terapia	Terapi

Mammiferi
Mamalia

Balena	Paus
Cane	Anjing
Canguro	Kanguru
Cavallo	Kuda
Cervo	Rusa
Coniglio	Kelinci
Coyote	Coyote
Delfino	Lumba-Lumba
Elefante	Gajah
Gatto	Kucing
Giraffa	Jerapah
Gorilla	Gorila
Leone	Singa
Lupo	Serigala
Orso	Beruang
Pecora	Domba
Scimmia	Monyet
Toro	Banteng
Volpe	Rubah
Zebra	Zebra

Matematica
Matematika

Angoli	Sudut
Aritmetica	Hitung
Circonferenza	Lingkar
Decimale	Desimal
Diametro	Diameter
Divisione	Divisi
Equazione	Persamaan
Esponente	Eksponen
Frazione	Fraksi
Geometria	Geometri
Parallelo	Paralel
Parallelogramma	Parallelogram
Perimetro	Perimeter
Poligono	Poligon
Quadrato	Persegi
Raggio	Radius
Simmetria	Simetri
Somma	Jumlah
Triangolo	Segitiga
Volume	Volume

Meditazione
Meditasi

Accettazione	Penerimaan
Attenzione	Perhatian
Calma	Tenang
Chiarezza	Kejelasan
Compassione	Kasih Sayang
Emozioni	Emosi
Felicità	Kebahagiaan
Gentilezza	Kebaikan
Gratitudine	Syukur
Insegnamenti	Ajaran
Mentale	Mental
Mente	Pikiran
Movimento	Gerakan
Musica	Musik
Natura	Alam
Osservazione	Observasi
Pace	Perdamaian
Postura	Sikap
Prospettiva	Perspektif
Silenzio	Kesunyian

Meteo
Cuaca

Arcobaleno	Pelangi
Asciutto	Kering
Atmosfera	Suasana
Calma	Tenang
Cielo	Langit
Clima	Iklim
Fulmine	Petir
Ghiaccio	Es
Monsone	Musim
Nebbia	Kabut
Nube	Awan
Polare	Kutub
Siccità	Kekeringan
Temperatura	Suhu
Tempesta	Badai
Tornado	Tornado
Tropicale	Tropis
Tuono	Guntur
Umido	Lembab
Vento	Angin

Misurazioni
Pengukuran

Altezza	Tinggi
Byte	Byte
Centimetro	Sentimeter
Chilogrammo	Kilogram
Chilometro	Kilometer
Decimale	Desimal
Grado	Derajat
Grammo	Gram
Larghezza	Lebar
Litro	Liter
Lunghezza	Panjang
Metro	Meter
Minuto	Menit
Oncia	Ons
Peso	Berat
Pinta	Pint
Pollice	Inci
Profondità	Kedalaman
Tonnellata	Ton
Volume	Volume

Mitologia
Mitologi

Archetipo	Pola Dasar
Comportamento	Perilaku
Creatura	Makhluk
Creazione	Penciptaan
Cultura	Budaya
Disastro	Bencana
Divinità	Dewa
Eroe	Pahlawan
Forza	Kekuatan
Fulmine	Petir
Gelosia	Kecemburuan
Guerriero	Pejuang
Immortalità	Keabadian
Labirinto	Labirin
Leggenda	Legenda
Magico	Gaib
Mortale	Fana
Mostro	Rakasa
Tuono	Guntur
Vendetta	Balas Dendam

Moda
Fashion

Abbigliamento	Pakaian
Boutique	Butik
Caro	Mahal
Confortevole	Nyaman
Elegante	Elegan
Minimalista	Minimalis
Misure	Pengukuran
Modello	Pola
Moderno	Modern
Modesto	Sederhana
Originale	Asli
Pizzo	Renda
Pratico	Praktis
Pulsanti	Tombol
Ricamo	Sulaman
Sofisticato	Canggih
Stile	Gaya
Tendenza	Kecenderungan
Tessuto	Kain
Trama	Tekstur

Musica
Musik

Album	Album
Armonia	Harmoni
Armonico	Harmonik
Ballata	Balada
Cantante	Penyanyi
Cantare	Menyanyi
Classico	Klasik
Coro	Paduan Suara
Lirico	Liris
Melodia	Melodi
Microfono	Mikrofon
Musicale	Musikal
Musicista	Musisi
Opera	Opera
Poetico	Puitis
Registrazione	Rekaman
Ritmico	Berirama
Ritmo	Irama
Strumento	Alat
Vocale	Vokal

Natura
Alam

Animali	Binatang
Api	Lebah
Artico	Arktik
Bellezza	Kecantikan
Deserto	Gurun
Dinamico	Dinamis
Erosione	Erosi
Fiume	Sungai
Fogliame	Dedaunan
Foresta	Hutan
Ghiacciaio	Gletser
Montagne	Gunung
Nebbia	Kabut
Nuvole	Awan
Rifugio	Penampungan
Santuario	Suaka
Selvaggio	Liar
Sereno	Tenang
Tropicale	Tropis
Vitale	Vital

Numeri
Angka

Cinque	Lima
Decimale	Desimal
Diciassette	Tujuh Belas
Diciotto	Delapan Belas
Dieci	Sepuluh
Dodici	Dua Belas
Due	Dua
Nove	Sembilan
Otto	Delapan
Quattordici	Empat Belas
Quattro	Empat
Quindici	Lima Belas
Sedici	Enam Belas
Sei	Enam
Sette	Tujuh
Tre	Tiga
Tredici	Tiga Belas
Uno	Satu
Venti	Dua Puluh
Zero	Nol

Nutrizione
Nutrisi

Amaro	Pahit
Appetito	Nafsu Makan
Bilanciato	Seimbang
Calorie	Kalori
Carboidrati	Karbohidrat
Commestibile	Bisa Dimakan
Dieta	Diet
Digestione	Pencernaan
Fermentazione	Fermentasi
Liquidi	Cairan
Nutriente	Gizi
Peso	Berat
Proteine	Protein
Qualità	Kualitas
Salsa	Saus
Salute	Kesehatan
Sano	Sehat
Spezie	Rempah-Rempah
Tossina	Racun
Vitamina	Vitamin

Oceano
Samudra

Alghe	Alga
Anguilla	Belut
Balena	Paus
Barca	Perahu
Corallo	Karang
Delfino	Lumba-Lumba
Gamberetto	Udang
Granchio	Kepiting
Medusa	Ubur-Ubur
Onde	Ombak
Ostrica	Tiram
Pesce	Ikan
Polpo	Gurita
Sale	Garam
Scogliera	Terumbu
Spugna	Spons
Squalo	Hiu
Tartaruga	Penyu
Tempesta	Badai
Tonno	Tuna

Paesaggi
Pemandangan Alam

Cascata	Air Terjun
Collina	Bukit
Deserto	Gurun
Dune	Dunes
Fiume	Sungai
Geyser	Geyser
Ghiacciaio	Gletser
Grotta	Gua
Iceberg	Gunung Es
Isola	Pulau
Lago	Danau
Mare	Laut
Montagna	Gunung
Oasi	Oasis
Palude	Rawa
Penisola	Semenanjung
Spiaggia	Pantai
Tundra	Tundra
Valle	Lembah
Vulcano	Gunung Berapi

Paesi #1
Negara # 1

Brasile	Brazil
Cambogia	Kamboja
Canada	Kanada
Egitto	Mesir
Finlandia	Finlandia
Germania	Jerman
India	India
Iraq	Irak
Israele	Israel
Libia	Libya
Mali	Mali
Marocco	Maroko
Norvegia	Norwegia
Panama	Panama
Polonia	Polandia
Romania	Rumania
Senegal	Senegal
Spagna	Spanyol
Venezuela	Venezuela
Vietnam	Vietnam

Paesi #2
Negara #2

Albania	Albania
Danimarca	Denmark
Etiopia	Ethiopia
Giamaica	Jamaika
Giappone	Jepang
Grecia	Yunani
Haiti	Haiti
Indonesia	Indonesia
Irlanda	Irlandia
Laos	Laos
Liberia	Liberia
Messico	Meksiko
Nepal	Nepal
Nigeria	Nigeria
Pakistan	Pakistan
Russia	Rusia
Siria	Suriah
Sudan	Sudan
Ucraina	Ukraina
Uganda	Uganda

Piante
Tanaman

Albero	Pohon
Bacca	Berry
Bambù	Bambu
Botanica	Botani
Cactus	Kaktus
Cespuglio	Semak
Crescere	Tumbuh
Edera	Ivy
Erba	Rumput
Fagiolo	Kacang
Fertilizzante	Pupuk
Fiore	Bunga
Flora	Flora
Fogliame	Dedaunan
Foresta	Hutan
Giardino	Kebun
Muschio	Lumut
Petalo	Kelopak
Radice	Akar
Vegetazione	Vegetasi

Professioni #1
Profesi # 1

Allenatore	Pelatih
Ambasciatore	Duta Besar
Artista	Artis
Astronomo	Astronom
Avvocato	Pengacara
Ballerino	Penari
Banchiere	Bankir
Cacciatore	Hunter
Cartografo	Kartografer
Editore	Editor
Farmacista	Apoteker
Geologo	Ahli Geologi
Gioielliere	Perhiasan
Idraulico	Tukang Ledeng
Infermiera	Perawat
Musicista	Musisi
Pianista	Pianis
Psicologo	Psikolog
Scienziato	Ilmuwan
Veterinario	Dokter Hewan

Professioni #2
Profesi # 2

Astronauta	Astronot
Bibliotecario	Pustakawan
Biologo	Ahli Biologi
Chirurgo	Ahli Bedah
Dentista	Dokter Gigi
Filosofo	Filsuf
Fotografo	Fotografer
Giardiniere	Tukang Kebun
Giornalista	Wartawan
Illustratore	Ilustrator
Ingegnere	Insinyur
Insegnante	Guru
Inventore	Penemu
Investigatore	Penyidik
Linguista	Ahli Bahasa
Medico	Dokter
Pilota	Pilot
Pittore	Pelukis
Ricercatore	Peneliti
Zoologo	Zoologi

Psicologia
Psikologi

Appuntamento	Janji
Clinico	Klinis
Cognizione	Kognisi
Comportamento	Perilaku
Conflitto	Konflik
Ego	Ego
Emozioni	Emosi
Esperienze	Pengalaman
Idee	Ide
Inconscio	Bawah Sadar
Influenze	Pengaruh
Pensieri	Pikiran
Percezione	Persepsi
Personalità	Kepribadian
Problema	Masalah
Realtà	Realitas
Sensazione	Sensasi
Sogni	Mimpi
Terapia	Terapi
Valutazione	Penilaian

Riscaldamento Globale
Pemanasan Global

Ambientale	Lingkungan
Artico	Arktik
Attenzione	Perhatian
Clima	Iklim
Crisi	Krisis
Dati	Data
Energia	Energi
Futuro	Masa Depan
Gas	Gas
Generazioni	Generasi
Governo	Pemerintah
Habitat	Habitat
Industria	Industri
Internazionale	Internasional
Legislazione	Legislasi
Ora	Sekarang
Popolazioni	Populasi
Scienziato	Ilmuwan
Sviluppo	Pembangunan
Temperature	Suhu

Ristorante #2
Restoran #2

Acqua	Air
Aperitivo	Pembuka
Bevanda	Minuman
Cameriere	Pelayan
Cena	Makan Malam
Cucchiaio	Sendok
Delizioso	Lezat
Forchetta	Garpu
Frutta	Buah
Ghiaccio	Es
Insalata	Salad
Minestra	Sup
Pesce	Ikan
Pranzo	Makan Siang
Sale	Garam
Sedia	Kursi
Spezie	Rempah-Rempah
Torta	Kue
Uova	Telur
Verdure	Sayuran

Salute e Benessere #1
Kesehatan dan Kebugaran

Abitudine	Kebiasaan
Altezza	Tinggi
Attivo	Aktif
Batteri	Bakteri
Clinica	Klinik
Fame	Kelaparan
Farmacia	Farmasi
Frattura	Patah
Medicina	Obat
Medico	Dokter
Muscoli	Otot
Nervi	Saraf
Ormoni	Hormon
Pelle	Kulit
Postura	Sikap
Riflesso	Refleks
Rilassamento	Relaksasi
Terapia	Terapi
Trattamento	Pengobatan
Virus	Virus

Salute e Benessere #2
Kesehatan dan Kebugaran

Allergia	Alergi
Anatomia	Anatomi
Appetito	Nafsu Makan
Caloria	Kalori
Corpo	Tubuh
Dieta	Diet
Digestione	Pencernaan
Disidratazione	Dehidrasi
Energia	Energi
Genetica	Genetika
Igiene	Kebersihan
Infezione	Infeksi
Malattia	Penyakit
Massaggio	Pijat
Nutrizione	Gizi
Ospedale	Rumah Sakit
Peso	Berat
Sangue	Darah
Sano	Sehat
Vitamina	Vitamin

Scacchi
Catur

Avversario	Lawan
Bianco	Putih
Campione	Juara
Concorso	Kontes
Diagonale	Diagonal
Giocatore	Pemain
Gioco	Permainan
Intelligente	Cerdik
Nero	Hitam
Passivo	Pasif
Punti	Poin
Re	Raja
Regina	Ratu
Regole	Aturan
Sacrificio	Pengorbanan
Sfide	Tantangan
Strategia	Strategi
Tempo	Waktu
Torneo	Turnamen

Scienza
Sains

Atomo	Atom
Chimico	Bahan Kimia
Clima	Iklim
Dati	Data
Esperimento	Percobaan
Evoluzione	Evolusi
Fatto	Fakta
Fisica	Fisika
Fossile	Fosil
Gravità	Gravitasi
Ipotesi	Hipotesis
Laboratorio	Laboratorium
Metodo	Metode
Minerali	Mineral
Molecole	Molekul
Natura	Alam
Organismo	Organisme
Osservazione	Observasi
Particelle	Partikel
Scienziato	Ilmuwan

Spezie
Rempah-Rempah

Aglio	Bawang Putih
Amaro	Pahit
Anice	Anise
Cannella	Kayu Manis
Cardamomo	Kapulaga
Cipolla	Bawang
Coriandolo	Ketumbar
Cumino	Jinten
Curry	Kari
Dolce	Manis
Finocchio	Adas
Gusto	Rasa
Liquirizia	Licorice
Noce Moscata	Pala
Paprika	Paprika
Pepe	Lada
Sale	Garam
Vaniglia	Vanila
Zafferano	Kunyit
Zenzero	Jahe

Strumenti Musicali
Instrumen Musik

Armonica	Harmonika
Arpa	Harpa
Banjo	Banjo
Chitarra	Gitar
Clarinetto	Klarinet
Fagotto	Bassoon
Flauto	Seruling
Gong	Gong
Mandolino	Mandolin
Marimba	Marimba
Oboe	Obo
Percussione	Perkusi
Pianoforte	Piano
Sassofono	Saksofon
Tamburello	Rebana
Tamburo	Drum
Tromba	Terompet
Trombone	Trombon
Violino	Biola
Violoncello	Selo

Tempo
Waktu

Anno	Tahun
Annuale	Tahunan
Calendario	Kalender
Decennio	Dasawarsa
Dopo	Setelah
Futuro	Masa Depan
Giorno	Hari
Ieri	Kemarin
Mattina	Pagi
Mese	Bulan
Mezzogiorno	Siang
Minuto	Menit
Momento	Saat
Notte	Malam
Oggi	Hari Ini
Ora	Jam
Presto	Segera
Prima	Sebelum
Secolo	Abad
Settimana	Minggu

Tipi di Capelli
Jenis Rambut

Argento	Perak
Asciutto	Kering
Bianco	Putih
Biondo	Pirang
Breve	Pendek
Calvo	Botak
Colorato	Berwarna
Grigio	Abu-Abu
Intrecciato	Dikepang
Liscio	Halus
Lungo	Panjang
Marrone	Cokelat
Morbido	Lembut
Nero	Hitam
Riccio	Keriting
Riccioli	Ikal
Sano	Sehat
Sottile	Tipis
Spessore	Tebal
Trecce	Kepang

Uccelli
Burung-Burung

Anatra	Bebek
Aquila	Elang
Canarino	Kenari
Cicogna	Bangau
Cigno	Angsa
Colomba	Merpati
Cuculo	Cuckoo
Fenicottero	Flamingo
Gabbiano	Gull
Gufo	Burung Hantu
Pappagallo	Burung Beo
Passero	Burung Pipit
Pavone	Merak
Pellicano	Pelikan
Pinguino	Penguin
Piuma	Bulu
Pollo	Ayam
Struzzo	Burung Unta
Tucano	Toucan
Uovo	Telur

Universo
Universe

Asteroide	Asteroid
Astronomia	Astronomi
Astronomo	Astronom
Atmosfera	Suasana
Buio	Kegelapan
Cielo	Langit
Cosmico	Kosmik
Emisfero	Belahan Bumi
Equatore	Khatulistiwa
Galassia	Galaksi
Latitudine	Garis Lintang
Longitudine	Garis Bujur
Luna	Bulan
Orbita	Orbit
Orizzonte	Horison
Solare	Surya
Solstizio	Solstice
Telescopio	Teleskop
Visibile	Terlihat
Zodiaco	Zodiak

Vacanze #2
Liburan #2

Aeroporto	Bandara
Campeggio	Camping
Destinazione	Tujuan
Foto	Foto
Hotel	Hotel
Isola	Pulau
Mappa	Peta
Mare	Laut
Passaporto	Paspor
Ristorante	Restoran
Spiaggia	Pantai
Straniero	Orang Asing
Taxi	Taksi
Tempo Libero	Rekreasi
Tenda	Tenda
Trasporto	Transportasi
Treno	Kereta
Vacanza	Liburan
Viaggio	Perjalanan
Visto	Visa

Veicoli
Kendaraan

Aereo	Pesawat
Ambulanza	Ambulans
Auto	Mobil
Autobus	Bis
Barca	Perahu
Bicicletta	Sepeda
Camion	Truk
Caravan	Kafilah
Elicottero	Helikopter
Motore	Mesin
Navetta	Shuttle
Pneumatici	Ban
Razzo	Roket
Scooter	Skuter
Sottomarino	Kapal Selam
Taxi	Taksi
Traghetto	Feri
Trattore	Traktor
Treno	Kereta
Zattera	Rakit

Verdure
Sayuran

Aglio	Bawang Putih
Broccolo	Brokoli
Carciofo	Artichoke
Carota	Wortel
Cetriolo	Mentimun
Cipolla	Bawang
Fungo	Jamur
Insalata	Salad
Melanzana	Terong
Oliva	Zaitun
Patata	Kentang
Pisello	Kacang
Pomodoro	Tomat
Prezzemolo	Peterseli
Rapa	Lobak
Scalogno	Bawang Merah
Sedano	Seledri
Spinaci	Bayam
Zenzero	Jahe
Zucca	Labu

Vestiti
Pakaian

Abito	Gaun
Braccialetto	Gelang
Camicetta	Blus
Camicia	Baju
Cappello	Topi
Cappotto	Mantel
Cintura	Ikat Pinggang
Collana	Kalung
Giacca	Jas
Gonna	Rok
Grembiule	Celemek
Guanti	Sarung Tangan
Jeans	Jeans
Maglione	Sweter
Moda	Mode
Pantaloni	Celana
Pigiama	Piyama
Sandali	Sandal
Scarpa	Sepatu
Sciarpa	Syal

Congratulazioni

Ce l'hai fatta!

Speriamo che questo libro vi sia piaciuto tanto quanto a noi è piaciuto concepirlo. Ci sforziamo di creare libri della più alta qualità possibile.
Questa edizione è progettata per fornire un apprendimento intelligente, di qualità e divertente!

Le è piaciuto questo libro?

Una Semplice Richiesta

Questi libri esistono grazie alle recensioni che pubblicate.

Puoi aiutarci lasciando una recensione
ora a questo link ?

BestBooksActivity.com/Recensioni50

SFIDA FINALE!

Sfida n°1

Sei pronto per il tuo gioco gratuito? Li usiamo sempre, ma non sono così facili da trovare - ecco i **Sinonimi!**
Scrivi 5 parole che hai trovato nei puzzle (n° 21, n° 36, n° 76) e prova a trovare 2 sinonimi per ogni parola.

Scrivi 5 parole del *Puzzle 21*

Parole	Sinonimo 1	Sinonimo 2

Scrivi 5 parole del *Puzzle 36*

Parole	Sinonimo 1	Sinonimo 2

Scrivi 5 parole del *Puzzle 76*

Parole	Sinonimo 1	Sinonimo 2

Sfida n°2

Ora che ti sei riscaldato, scrivi 5 parole che hai trovato nei puzzle n° 9, n° 17 e n° 25 e cerca di trovare 2 contrari per ogni parola. Quanti ne puoi trovare in 20 minuti?

Scrivi 5 parole del **Puzzle 9**

Parole	Antonimo 1	Antonimo 2

Scrivi 5 parole del **Puzzle 17**

Parole	Antonimo 1	Antonimo 2

Scrivi 5 parole del **Puzzle 25**

Parole	Antonimo 1	Antonimo 2

Sfida n°3

Grande! Questa sfida  non è niente per te!

Pronto per la sfida finale? Scegli 10 parole che hai scoperto nei diversi puzzle e scrivile qui sotto.

1.	6.
2.	7.
3.	8.
4.	9.
5.	10.

Ora scrivi un testo pensando a una persona, un animale o un luogo che ti piace.

Puoi usare l'ultima pagina di questo libro come bozza.

La tua composizione:

_____

_____

_____

_____

_____

_____

_____

TACCUINO:

A PRESTO!

Tutta la Squadra